幼儿教育中的心理效应

莫源秋　卢奔芳　编著

中国轻工业出版社

图书在版编目(CIP)数据

幼儿教育中的心理效应/莫源秋,卢奔芳编著.——北京:中国轻工业出版社,2017.1(2023.8重印)
ISBN 978-7-5184-1197-9

Ⅰ.①幼… Ⅱ.①莫… ②卢… Ⅲ.①幼儿教育-教育心理学 Ⅳ.①G44

中国版本图书馆CIP数据核字(2016)第284845号

保留所有权利。非经中国轻工业出版社"万千教育"书面授权,任何人不得以任何方式(包括但不限于电子、机械、手工或其他尚未被发明或应用的技术手段)复印、拍照、扫描、录音、朗读、存储、发表本书中任何部分或本书全部内容(包括但不限于光盘、音频、视频等)。中国轻工业出版社"万千教育"未授权任何机构提供源自本书内容的电子文件阅览、收听或下载服务。如有此类非法行为,查实必究。

责任编辑:吴 红 王慧超

策划编辑:吴 红　　　　责任终审:杜文勇
责任校对:刘志颖　　　　责任监印:吴维斌

出版发行:中国轻工业出版社(北京东长安街6号,邮编:100740)

印　　刷:三河市鑫金马印装有限公司

经　　销:各地新华书店

版　　次:2023年8月第1版第4次印刷

开　　本:710×1000　1/16　印张:11.5

字　　数:101千字

印　　数:9001—11000

书　　号:ISBN 978-7-5184-1197-9　定价:32.00元

读者热线:010-65181109,65262933

发行电话:010-85119832　传真:010-85113293

网　　址:http://www.chlip.com.cn　http://www.wqedu.com

电子信箱:1012305542@qq.com

如发现图书残缺请拨打读者热线联系调换

161179Y1X101ZBW

前　言

心理效应是指由于社会心理现象、心理规律的作用，人在认识社会的过程中，对相同情境下的某种相同的刺激，产生相同或相似心理反应的现象。它是一种规律性的心理现象，如果在幼儿园教育教学工作中能灵活、恰当地加以运用，就能够取得事半功倍的教育教学效果。

本书收集了与幼儿园教育教学工作密切联系的33个心理效应，并根据它们与幼儿园各项工作关系的紧密程度分别归入"有效地认识孩子""有效地激励孩子""有效的个性化教育""有效的教育教学"四大部分，希望能对教师正确认识和激励孩子，有效地对孩子进行个性化教育提供帮助。

在写作过程中，我们力求用通俗易懂的语言，让读者理解各种心理效应的原理，并在此基础上结合生动有趣的幼儿园教育教学案例，提出在相应心理情境中可供一线幼儿教师直接操作的具体做法或策略。本书既强调对每种心理效应的积极方面的挖掘与运用，又说明了如何避免其消极方面，努力将每种心理效应的功能最大化，以使孩子获得更快、更好的发展。

另外，需要特别说明的是：本书写作过程中多处使用了"教育者""差生""优生"这三个名词。本书中的"教育者"特指家长和教师；"差生"特指品行或能力较差的孩子；"优生"则是特指品行或能力较好的孩子。

本书由广西民族师范学院副教授卢奔芳（第一章）、广西幼儿师范高等专科学校教授莫源秋（第二、三、四章）撰写，全书由莫源秋统稿、审稿和定稿。

  本书在编写过程中借鉴和参阅了国内外同行大量的研究成果，在此对他们表示由衷的谢意！同时，由于种种原因，书中引用的少部分资料未能标明相关作者及材料的出处，在此对相关的作者特表歉意！

  由于时间仓促，加上作者水平有限，书中一定存在着不足之处，敬请阅读和使用本书的老师和朋友批评指正。

莫源秋
2016 年 7 月 21 日

目 录

前言 ··· I

第一章　有效地认识孩子 ·· 1
　一、良好的开始等于成功的一半——首因效应 ·· 2
　二、全面客观地认识每一个孩子——晕轮效应 ·· 5
　三、重视"压轴戏"——近因效应 ·· 10
　四、勿以成人之心度孩子之心——投射效应 ··· 13

第二章　有效地激励孩子 ·· 23
　一、给孩子贴个具有激励作用的标签——标签效应 ·· 24
　二、让孩子在不知不觉中接受教育——暗示效应 ·· 26
　三、你相信，花朵就会盛开——期望效应 ·· 33
　四、让孩子知道后面有好事情等着他——祖母原则 ·· 40
　五、保护和激发孩子的内在动机——德西效应 ·· 42

六、60-10＜40+10——阿伦森效应……………………………………45

　　七、让孩子及时知道学习结果——反馈效应……………………………50

　　八、孩子的成长需要表扬与激励——保龄球效应………………………53

第三章　有效的个性化教育……………………………………………………63

　　一、发现孩子的强项——瓦拉赫效应……………………………………64

　　二、让孩子学会自控——延迟满足………………………………………65

　　三、让孩子学会承担——尤人效应………………………………………73

　　四、让孩子远离绝望的境地——习得性无助……………………………78

　　五、让孩子学会宽容——海格力斯效应…………………………………88

第四章　有效的教育教学………………………………………………………91

　　一、数学教学中为迁移而教——迁移效应………………………………92

　　二、适当示弱反而易赢得信任——仰巴脚效应…………………………97

　　三、让孩子一步一步地走向成功——登门槛效应………………………101

　　四、由易到难让孩子不断进步——连锁塑造……………………………105

　　五、公平对待每一个孩子——马太效应…………………………………109

　　六、以温暖的方式对待每一个孩子——依恋心理………………………114

　　七、禁果分外香——禁果效应……………………………………………118

　　八、对孩子发出同一个声音——手表效应………………………………123

　　九、及时修补破窗——破窗效应…………………………………………127

　　十、做个温暖的教师——南风效应………………………………………133

　　十一、给孩子们一个良好的环境——泡菜效应…………………………139

十二、别让孩子成为最后受气的那只猫——踢猫效应 ……………… 146

十三、坚持21天成就孩子的良好习惯——21天效应 ……………… 149

十四、努力成为孩子们的"自己人"——自己人效应 ……………… 152

十五、教育要注意适当的度——超限效应 ………………………… 156

十六、要求适中——篮球架效应 …………………………………… 166

主要参考文献 ………………………………………………………… 169

第一章 有效地认识孩子

一、良好的开始等于成功的一半——首因效应

二、全面客观地认识每一个孩子——晕轮效应

三、重视"压轴戏"——近因效应

四、勿以成人之心度孩子之心——投射效应

幼儿教育中的心理效应

一、良好的开始等于成功的一半——首因效应

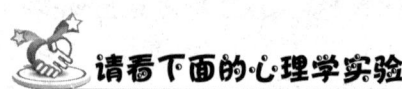
请看下面的心理学实验

案例1-1 首因效应实验

有一位心理学家曾做过一个实验：把被试分为两组，让他们看同一张照片。甲组看到的是一个屡教不改的罪犯；乙组看到的是一位著名的科学家。看完后让被试根据这个人的外貌来分析其性格特征。结果，甲组说："深陷的眼睛隐藏着险恶，高耸的额头表明了他死不悔改的决心"；乙组说："深沉的目光表明他思想深邃，高耸的额头表明了科学家探索的意志。"

上述实验反映的就是心理学中的首因效应。首因效应是指第一印象在人际知觉中产生的作用。在人际交往中，第一次接触陌生人或事物形成的印象往往会先入为主。社会心理学实验研究证明，人在初次交往中给对方留下的印象特别深刻，人们会自觉地依据第一印象去评价一个人，今后交往中的印象都被用来验证第一印象；人在交往中给对方留下的第一印象的好与坏，关系到今后人们对其的评价，同时决定了今后的人际交往和人际关系。

首因效应具有浅表性、固定性和弥散性的特点。

（一）浅表性

首因效应往往产生于人们对某人或某一事物了解不够深入的初步感知阶

段，因此，对某人或某一事物的认识极易受感觉的表面性和知觉的选择性影响，这就是首因效应的浅表性。在家园互动、师幼互动中，家长或幼儿第一次见到教师时，往往会根据其谈吐、表情、态度、衣着打扮等表面信息形成第一印象。如果家长或幼儿对教师的第一印象多为负面评价，那么往往会对教师产生冷漠、轻视、不信任甚至反感等情绪；相反，如果家长或幼儿对教师的第一印象多为正面评价，那么就会对家园互动、师幼互动产生积极的作用。

（二）固定性

家长或幼儿在初次接触教师时往往会根据以往的经验和认识，从教师的仪表、谈吐、表情、组织保教活动的能力等方面，来推测教师保教工作水平的高低，从而对教师做出一系列肯定或否定的评价，这些评价通常会形成很强的心理定式。这种心理定式一旦形成就难以改变，并且会在很长一段时间内对师幼互动、家园互动造成影响。

（三）弥散性

首因效应是人们认识事物时一种"先入为主"的主观倾向，即一旦产生某种第一印象，便会向与该事物相关的方面弥散。这种弥散结果分为两种，即喜者见之则喜；厌者见之则厌。师幼互动、家园互动中常常会出现这种现象：家长或幼儿会由于对某位教师的尊敬和喜爱，而特别喜欢甚至渴望与其互动。同样，如果家长或幼儿对某位教师的第一印象不好，那么就有可能由反感这位教师弥散到反感他组织的所有活动，因此形成强烈的逆反心理。

根据首因效应作用的特点及其原理，教师在师幼互动、家园互动中应该注意以下几点。

1. 在"慎初"上下功夫

为了更好地发挥首因效应的积极作用，在师幼互动、家园互动中，务必

在"慎初"上下功夫，力争给幼儿和家长留下良好的第一印象，以便为今后相关工作的顺利开展创造有利的条件。

案例1-2　好评如潮的李芳老师

李芳刚到一所幼儿园工作时，为了能给家长留下好印象，在每一次的家园活动、家长会甚至家长接送孩子时，她都要精心准备，从着装到举止，都力争给家长们留下干练、业务能力强、有修养、精力充沛的印象。因此，家长们对她好评如潮，都愿意把孩子交给这样的老师。

幼儿教师应该努力做好各方面工作的"第一次"，努力给家长留下美好的第一印象，如此，才能得到家长的信任，缩短家园之间的距离，形成融洽的家园关系，为以后推动各项工作顺利开展奠定良好的基础。

幼儿教师在家园互动中要给家长留下这样的印象："你很爱他的孩子"——让家长接受你；"你很专业"——让家长认可你、尊重你；"你很敬业"——让家长敬佩你。如果你给家长留下的第一印象不好，那么，以后家长就可能会处处质疑你，进而不配合你的工作，甚至在家园互动中给你出难题。

在与幼儿第一次接触时，教师也要努力给幼儿留下美好的第一印象，在设计师幼第一次互动时，应考虑幼儿对教师的好恶倾向，这样才能投其所好。

研究表明，幼儿喜欢的教师特征有：漂亮、温和、温暖、有亲和力、宽松；幼儿不喜欢的教师特征有：有浓烈的香水味、嗓门大、动作快、喜欢支配他人等。因此，建议第一次与幼儿接触时要让幼儿主动，而不是教师主动握孩子的手或很亲热地拥抱孩子；可以慢慢接近孩子，第一次见面，不要强迫孩子说"老师好"，更不要批评孩子。

2. 初次见面要看到家长和孩子的优点和可爱之处

初次与家长、孩子接触，要多从积极的角度来看待他们，要看到他们的优点和可爱之处。否则，不良的第一印象会成为今后家园互动和师幼互动中难以逾越的障碍。

3. 努力消除不良的第一印象的负面影响

如果家长或者孩子已经在教师心目中留下了不良的第一印象，那么，在以后的日子里，教师应有意淡忘其不良印象，或者从积极的角度去理解他们所谓的缺点，或者促使自己努力发现每位家长的优点，发现孩子的可爱之处和点滴进步并熟稔于心。相信经过积极的信息累积，原来消极的第一印象造成的负面影响就会逐渐消失。

如果由于各种原因，教师在家长和孩子的心目中留下了不良的第一印象，那么，在以后的日子里，教师应有意地展现自身的优点，真心实意地为家长服务，为孩子的成长提供支持和帮助，相信"路遥知马力，日久见人心"，家长和幼儿一定能感受到教师的一片真心，进而促进师幼互动、家园互动进入良性循环，促进各项工作的顺利开展。

二、全面客观地认识每一个孩子——晕轮效应

晕轮效应又称光环效应、月晕效应，它指人们看问题时，由一个中心点逐步向外扩散成越来越大的圆圈，是在突出特征这一中心点的影响下而产生的以点代面、以偏概全的社会心理效应。在日常生活中我们对他人的认识大多受到这种效应的影响。由于人们仅仅根据人的某一突出特点或某一次表现去评价、认识和对待他人，如一次表现好或某一方面表现得好，就认为他一切皆优；犯了一次错误或某个方面表现得不好，就说他一贯表现差或所有方面都很差等，所以，晕轮效应是一种把我们引入知觉误区的常见的社会心理效应。

幼儿教育中的心理效应

案例1-3 你将来也不会有出息

5岁多的小牛不小心把一杯牛奶碰翻在桌子上，杜老师马上大声叫嚷："都这么大的人了，你总该知道怎样拿东西吧！叫你小心，小心！给你讲过多少次了，就是记不住！"此时闫老师也凑上来训斥道："连杯子都拿不住，笨手笨脚的，我看你呀，将来也不会有出息！"

上述案例中的两位教师，因为小牛无意中做错了一件事，就把他整个人否定了，这种以偏概全的评价会成为孩子今后成长中的绊脚石。

我们在日常生活中对他人的认识大多都受晕轮效应的影响，晕轮效应主要有以下两个特点。

（一）遮掩性

晕轮效应的遮掩性是指人们在人际知觉的过程中，将知觉对象的某种印象不加分析地扩展到其他方面，从而妨碍了人们全面、真实地了解事物。这种"一俊遮百丑"或"一丑遮百俊"的心理，会让我们对人做出"完美无缺"或"一无是处"的评价。比如，在师幼互动的过程中，教师往往偏爱聪明、听话的孩子，很少注意到他们的不足之处，时常表现出偏袒纵容这些孩子；而对于不听话、调皮的孩子，则很少发现他们的优点，对他们缺乏关心、鼓励和帮助，甚至表现出厌恶的情绪，致使师幼关系紧张。

案例1-4 为什么不听她的话

有位幼儿在跳舞、弹琴、讲故事方面表现都很突出，为老师争得了不少荣誉，老师很喜欢她。有一次，这个孩子因和别的孩子意见不一致而说脏话，老师不仅没有批评她，而且责怪其他孩子为什么不听她的话。

第一章 有效地认识孩子

案例1-5 那你们就别惹他

丁钉很讨老师喜欢。有一次他把小勇弄哭后，先去告状，说小勇先打了他。听完丁钉的话，教师不分青红皂白地把受了委屈的小勇批评了一番。孩子们的眼睛是雪亮的，其他知道真相的孩子争先恐后地帮助澄清事实，而此时的教师却听不进去，大声对孩子们说："那你们就别惹他！"……

根据晕轮效应的遮掩性特点，教育者在工作中应该注意以下两点。

1. 全面认识每一个孩子

由于"晕轮效应"具有遮掩性，所以教育者很容易因幼儿的个体特征，特别是突出的优点或缺点，而以偏概全，产生偏见。因此，教师在师幼互动的过程中要对自己原来心目中的"优生"和"差生"的认识偏差进行矫正。

努力发现和挖掘"差生"的优点。许多"差生"并非真的差，而是因为教育者受到晕轮效应的影响，只看到孩子的缺点和短处。因此，教育者要多看到"差生"的优点和长处。另外，要用发展的眼光来看待"差生"，不要因为孩子过去表现不好而把孩子看"死"。要用发展的眼光来看待"差生"，就要努力发现他们的长处。一旦他们取得了进步，教师就要及时表扬，以强化这种行为，进而促进他们不断地进步。

要以平常眼光来看待"优生"。许多"优生"很可能是在某一方面或某一时优秀，因此，教育者要善于发现他们存在的不足和今后努力的方向，这样才能促使他们健康地成长。

对于那些不受欢迎的孩子，教师不仅要发现和培育他们的优点、长处，而且要在其他小朋友面前赞扬他们的优点和长处，以改变其他小朋友因晕轮效应而对这些孩子形成的消极认识，进而让孩子们能更加融洽地相处。

2. 努力展现自己突出的优点

教师在师幼互动、家园互动的过程中，要努力展现自己的优点、长处，让更多的家长和孩子了解自己，让更多的家长和孩子因晕轮效应而对教师产生积极的认识，为师幼互动和家园互动打下良好的基础。

教师展现的优点和长处可以是自己的专业技能，也可以是自己的专业态度；可以是自己的专业知识，也可以是自己的职业道德，进而在这些优良品质的作用下，使家长和幼儿对教师产生积极的认识，促进家园良性互动的形成与发展。

（二）弥散性

在社会生活实践中，人对事物的某种认识态度和情感体验会向着与该事物相关的方向弥散，这是晕轮效应中的弥散性，也是一种爱屋及乌的心理。在幼儿园保教环境中尤为明显。例如，在现实的保教工作中，常常出现孩子由于对某位教师的尊敬、信任和爱戴，而特别渴望其组织的教育活动这种现象。当然，也有完全相反的情况——许多幼儿因为不喜欢、反感某位老师，而不喜欢她组织的教育活动，甚至连幼儿园都不想去。一位朋友的孩子有一天早上有点低烧，孩子父母让他在家休息，可孩子却说："今天白老师要上科学活动课，我一定要去。"相反，另一位教师带班上课时，这个孩子却时常装病不想去幼儿园。当其父母宣布他生病了，可以在家休息时，孩子马上高兴得活蹦乱跳起来。其实，他没有生病，只是不想去幼儿园而已。

根据晕轮效应的弥散性特点，教育者在工作中应该注意以下三点。

1. 努力让幼儿喜欢自己

为了让幼儿更喜欢幼儿园，为了让幼儿更喜欢老师所设计、实施的各项教育活动，教师要努力让幼儿喜欢自己，进而产生爱屋及乌的效果。

为了让幼儿喜欢自己，教师可以从以下几方面努力。

①每天至少给孩子一次拥抱。

②每天当着小朋友们的面，真诚地微笑着说出孩子的一个优点，同时对他说："老师喜欢你！"

③充分关照每个孩子的心理需要，表扬并尊重孩子，多给孩子表现的机会，多与孩子进行交流。

④学点游戏或小魔术，让每个孩子都因此对你着迷。

⑤产生愤怒的情绪时，要停止与幼儿的一切互动。

2. 努力让家长喜欢自己

为了让家长喜欢自己，教师可以从以下几方面努力。

①让家长感觉到你很爱他的孩子。比如，家长嘱咐的事情要认真完成并及时反馈；通过具体事例来回应家长对孩子在园情况的关切；经常告诉家长孩子的进步；拍摄孩子的有趣作品等，与家长分享。

②让家长感觉到你很专业。比如，经常向家长提供操作性强的亲子游戏；为家长提供有效的解决孩子心理行为问题的方案；每学期面向家长举行一次幼儿教育的专业知识讲座，让家长学到有用的幼儿教育知识技能。

③让每位家长感受到来自教师的尊重。比如，用商量的口吻与家长交流；事关孩子及其家长时，要认真听取家长的意见；家长会上不点名批评任何一个孩子或家长，等等。

④产生愤怒的情绪时，停止与家长的一切互动。比如，愤怒时，停止与家长说话，可跟家长说："我现在情绪有点激动，等我情绪平静后，我们再沟通。"

3. 努力让自己喜欢幼儿

当教师喜欢某个幼儿时，看到的多是其可爱之处，这样有利于教师与幼儿产生积极的互动。当教师不喜欢某个幼儿时，对该幼儿的认识往往都是消极的。哪怕该幼儿已有积极的变化，教师有时也会注意不到。

案例1-6 你是什么样子我最清楚

小朋友们翻好书后,边看书边听录音带《卖火柴的小女孩》。这时,刘勇指着小威向教师告状说:"胡老师,小威撕我的书。"

胡老师在没有做任何调查的情况下马上回应道:"你还告别人的状,你是什么样子我最清楚。"

上述案例中的胡老师不喜欢刘勇,因此,当刘勇向老师反映问题时,她不仅没有认真应对刘勇所说的问题,反而责备刘勇——这不是爱屋及乌,而是"恨屋及乌"。这种"恨屋及乌"不仅不利于幼儿的健康发展,而且会成为幼儿成长过程中难以逾越的障碍。因此,教师一定要努力改变自己形成的消极情感态度,以积极的眼光去看待幼儿,发现他们的可爱之处。

晕轮效应既有积极的影响,又有消极的影响。在师幼互动、家园互动的过程中,教师既要注意利用并发挥其积极影响,又要注意避免其消极影响。

三、重视"压轴戏"——近因效应

近因效应指的是在交往过程中最近一次接触给人留下的印象比较深刻,它对人际认知具有强烈的影响。近因效应在人际交往中普遍存在,经常接触、长期共事的人,彼此之间往往都将对方的最后一次印象,作为认识与评价对方的依据,由此常常使彼此的人际交往和人际关系发生质和量的变化。

我们经常可以看到近因效应在现实生活中的表现:多年不见的朋友,在自己的脑海中印象最深的,其实就是临别时的情景;两个同事本来相处得很好，甲对乙关怀备至，可是却因最近一次"得罪"了乙，就遭到乙的记恨；两个人"天生是仇家"，因体悟到对方最近一次的"好"而成为"最好的朋友"；一贯在家长心目中印象良好的某老师最近犯了一个教育上的错误，所有家长便改变了对这位老师的看法；夫妻之间吵架，一气之下，可能完全忘记了过去的恩爱；年终考评时，新近有过失的老师，同事、园长对其评价会大打折扣；而新近受到表彰的老师，同事、园长对其评价则会格外地高。

根据近因效应作用的特点及其原理，教师在师幼互动、家园互动中应该注意以下几点。

（一）将最美好的一面展现在家长和幼儿面前

对于已经很熟悉的人，因为很了解，就没有什么首因效应可言了，但是近期的表现会给对方留下比较突出的印象。在与熟人的交往中，哪一次交往会产生近因效应是无法预料的，也就是说，近因效应容易引起"一招不慎，满盘皆输"的后果。因此，教师在与家长、幼儿的每一次交往中都要小心行事，都要努力给对方留下美好的印象——至少不要留下负面印象，以免对良好的家园关系、师幼关系造成不良的影响。有时，我们不小心说出的一句话就能彻底摧毁原来良好的家园关系、师幼关系。

（二）对因工作失误而造成的不良影响要及时补救

平时，教师在和家长的交往中要谦虚为怀，以诚相待。如果双方产生了误会，那么最好在对方心平气和的时候坦诚地进行交流，尽量解除误会，避免激化矛盾。真诚、谦虚的态度可能会使对方与我们重归于好。

如果因工作失误而导致家长、幼儿对教师产生不良的印象，那么一定要以真诚的态度和持之以恒的精神，重新获得家长、幼儿的认可。

（三）不要根据一时、一事来评价一个人

近因效应容易使我们仅仅根据一时、一事去评价家长或幼儿，这对实际工作和生活都会产生消极的影响。在家园互动、师幼互动中应该注意克服近因效应导致的认知偏差，要学会用变化的、全面的眼光看待家长和幼儿，不要因为家长或幼儿的一时表现，而将他们整个人都否定掉。当幼儿在一事上表现不良时，要多想想他们以前表现出来的优秀和给自己带来的快乐，这样，对他们的认识就会更加积极和全面，也更利于双方关系的重建。

（四）重视"压轴戏"

我们知道，"压轴戏"是安排在舞台表演最后的、也是最精彩的节目，有画龙点睛的效果，能给人留下深刻的印象，整个演出都会因为这最后一刻的精彩而变得辉煌。教师与家长、幼儿的交往也如此。在和家长、幼儿告别时，如果表现出足够的热情和让他们满意的举动，那么就可以给他们留下较好的印象，有利于在今后保持良性的互动。

教师每天早上迎接幼儿入园时，不要忘记蹲下身子，揽着孩子和孩子一道微笑着向家长挥手说再见——这美好温馨的印象将一直留在家长的心中。

每天下午家长来接孩子时，教师要蹲下身子、单臂抱着孩子，微笑着跟孩子说："老师会想你的，期待明天见到你！感谢你今天带给我们的欢乐，老师爱你！"然后，将孩子送到家长的手里，微笑着向孩子与家长说再见——这种温暖、友好、期待将会激发孩子对幼儿园生活的向往。

（五）表扬不受欢迎的孩子的优点

对那些因各种不良表现而被其他小伙伴排斥的孩子，教师不仅要善于发现和培养他们的优点，让他们不断以新的姿态展现在小伙伴面前，而且还要

在小朋友面前赞扬他们的优点，进而改变小朋友们原来对他们形成的消极印象，促使其他小朋友接纳他们。

（六）怒责之后莫忘安慰

教师可以利用近因效应来缓和师幼间的紧张关系，比如，批评完孩子之后可以说："很抱歉，刚才我太激动了，希望你能加油！"用这种话作为批评的结束语，孩子就会产生受勉励的感觉。即使你的批评比较严厉，孩子也会觉得是为了他好。如果一时想不出安慰的话，可以笑一笑，拍一拍对方的肩膀。相反，如果用"如果再犯，我一定不饶你"等恶狠狠、命令式的结束语，那么只会给孩子留下负面的印象，这种印象将不利于今后师幼的良性互动。

在人际交往中，首因效应一般在对陌生人的知觉中起重要的作用，而近因效应则在对熟悉的人的知觉中起重要的作用。一般来说，对于陌生人，首因效应的作用比较大；对于熟悉的人，近因效应的作用比较大。另外，人的个性特点也是影响首因效应和近因效应的因素之一。一般情况下，性格开朗、灵活的人容易受近因效应的影响；而性格稳定、比较保守的人容易受首因效应的影响。

四、勿以成人之心度孩子之心——投射效应

投射效应是指将自己的特点归因到其他人身上的倾向，以己度人，认为自己具有某种特性，他人也一定会有与自己相同的特性，把自己的感情、意志、特性投射到他人身上，并强加于人的一种认知障碍。通俗地说，投射效应就是"以己之心，度人之腹"。投射效应在我们的生活中比比皆是，比如，

一个心地善良的人会以为别人都是善良的,不相信有人会加害于他;一个经常算计别人的人总觉得别人也在算计他;敏感多疑的人往往会认为别人不怀好意;贪婪的人总是认为别人也都视财如命;自己经常说谎的人认为别人也总是在骗他;喜欢嫉妒的人常常将别人行为的动机归结为嫉妒,如果别人对他稍不恭敬,他便觉得别人在嫉妒自己,等等。

案例1-7 投射实验

美国心理学家卡尔·罗杰斯为了研究投射效应做过这样的实验:在80名参加实验的大学生中征求意见,问他们是否愿意背着一块大牌子在校园里走动。结果,48名大学生同意背着牌子在校园内走动,并且认为大部分学生都会乐意背;而拒绝背牌子的学生则普遍认为,只有少数学生愿意背。

可见,上述案例中的大学生将自己的态度投射到了其他人的身上。

案例1-8 情绪低落的小强

小强是个聪明活泼的孩子,可是有一段时间表现得情绪低沉。经了解才知道,小强的爸爸为了让小强成才,为他报了美术班,还请了一位家教教他弹钢琴,而小强偏偏喜欢跆拳道,结果小强的兴趣爱好得不到满足,每天的日程被排得满满的,以致失去了以往的活泼。

后来,我们明白了为什么小强的爸爸坚持让小强学美术和钢琴。原来小强的爸爸小时候家里条件不好,班上有个同学家里很有钱,父母给她买了钢琴并请了很好的老师教她。那时,小强的爸爸十分羡慕,看着同学上台表演,得到赞许的掌声,小强的爸爸真希望自己就是她!他心里一直想:要是我能学钢琴多好啊,弹奏钢琴发出的声音多美啊!

很可惜,小强的爸爸一直没有如愿,直到现在他也不会弹钢琴,于是便

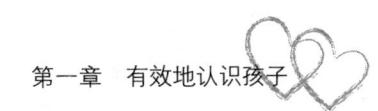

像其他家长一样,把自己的意愿投射到了孩子身上。

在日常生活中,家长常常错误地把自己的想法和意愿投射到子女身上,希望孩子能实现自己未能实现的理想和抱负,并且往往以"孩子小,不懂事"为由,忽略孩子的感受,结果往往达不到预期的目的。

人与人之间存在共性——在很多情况下,我们通过投射对别人做出的推测都是比较正确的;但是每个人又各有个性,如果总是以己度人,那么我们将无法真正了解别人,也无法真正了解自己。比如,喜欢吃芹菜的人,以为别人也像他一样喜欢吃芹菜,于是一到公众场合就向别人热情地推荐芹菜,这样做有时会闹出笑话。

根据投射效应所揭示的原理,教师在工作中应该注意以下四点。

(一)了解并尊重孩子的需要

案例 1-9 乌龟对你的帮助感到生气

格洛丽亚·斯坦姆是一位女权主义运动的领导者兼作家。学生时代,在一次地理考察中,她上了人生中重要的一课。

在史密斯大学演讲时,斯坦姆与听众分享了这次经历:

"在蜿蜒的康涅狄格河畔,我发现了一只巨大的乌龟趴在一段路的护堤上。它显然是从河里爬出来的,经过一段土路才到了现在这个地方。它还在继续前进,随时有被汽车轧死的危险。"

"同是地球上的生物,我觉得帮助它是责无旁贷的。于是我走上前,连拉带拽,最后总算把这只大乌龟从护堤上带回岸边。这期间,它愤怒地想咬我一口。"

"当我正要把乌龟推回河里时,地理学教授走了过来,并对我说:'你知道，为了在路边的泥里产卵，那只乌龟可能花了一个月的时间才爬上公路，结果你现在要把它推回河里！'"

"我当时懊恼极了。不过，在后来的岁月，我发现那次经历是我人生中生动的一课。它时刻提醒我不要犯主观臆断的错误，不管你是激进的还是保守的，在做事关'乌龟'的决断时，都不要忘记先听听乌龟自己的意见。"

上述案例给我们的启示是：在帮助孩子时要征求孩子的意见，否则，自以为是的帮助对孩子来说可能会适得其反。

案例1-10 两个孩子的对话

在幼儿园里我听到两个小朋友的对话。

第一个小朋友说："为什么挑食的都是孩子，家长怎么都不挑食呢？"

第二个小朋友说："他们买的都是自己爱吃的，还挑什么食！"

上述案例提醒我们：我们在为孩子们"做事"时，只会从自己的角度思考问题，却不从孩子是否需要的角度去想问题，因此，被孩子们"抵制"是十分自然的了。

我们陪外国朋友吃饭时总是不停地说："吃，吃，吃！"而外国朋友请人吃饭时往往问客人："您还需要吗？"由此可以看到，我们更易受投射效应的影响，更倾向于将自己的喜好、意志强加给别人。这在幼儿园里也有体现，比如，不管幼儿的兴趣如何，教师出于爱心把自己认为好的和重要的东西传递给孩子，想方设法让孩子接受。因此，在充满教育者投射的环境里，孩子们学习得不快乐，生活得也不快乐。

所以教师要研究孩子的内心需要，根据他们的内心需要来设计和实施幼儿园的各项保教活动，让孩子各方面的需要在保教活动中都得到充分的关照。

只有如此，幼儿园才能真正成为孩子们的乐园。

古语说："己所不欲，勿施于人。"在这里我还想说："己所欲，勿施于人。"每个人都是独立的个体，每个人都有自己独特的需要——你"不欲"，可能别人"欲"；你"欲"，可能别人"不欲"。因此，尊重的第一步是了解别人的真实需要，并且尊重别人的需要。

（二）了解并尊重孩子的个性

案例 1-11　让小兔子跑个痛快

有这样一则小兔子学游泳的寓言：小兔子是奔跑冠军，可是不会游泳。大家都认为这是小兔子的缺点。于是小兔子的父母、老师强制训练小兔子学游泳，但是小兔子耗费了大半生的时间也没有学会游泳。小兔子感到很疑惑。

智者猫头鹰说："应该有一个地方让小兔子发挥它奔跑的特长。"

小兔子感到疑惑，但我们不会感到疑惑。对小兔子教育失败的根本原因在于不尊重它的个性，只是一味地想将自己的教育理想强加给小兔子。我们对孩子教育的失败，原因也在此。

牵一只蜗牛去散步

张文亮

上帝给我一个任务，
叫我牵一只蜗牛去散步。
我不能走太快，
蜗牛已经尽力爬，为何每次总是那么一点点？
我催它，我唬它，我责备它，

蜗牛用抱歉的眼光看着我，
仿佛说："人家已经尽力了嘛！"
我拉它，我扯它，甚至想踢它，
蜗牛受了伤，它流着汗，喘着气，往前爬……
真奇怪，为什么上帝叫我牵一只蜗牛去散步？
"上帝啊！为什么？"
天上一片安静。
"唉！也许上帝抓蜗牛去了！"
好吧！松手了！
反正上帝不管了，我还管什么？
让蜗牛往前爬，我在后面生闷气。
咦？我闻到花香，原来这边还有个花园，
我感到微风，原来夜里的微风这么温柔。
慢着！我听到鸟叫，我听到虫鸣。
我看到满天的星斗多亮丽！
咦？我以前怎么没有这般细腻的体会？
我忽然想起来了，莫非我错了？
原来上帝是叫蜗牛牵我去散步。

教育孩子就像牵着一只蜗牛散步，要适应孩子的速度，而不是让孩子适应教育者的速度。教育是一门慢的艺术，我们要放慢前进的脚步，有足够的耐心。只有这样，我们才能感悟到教育的快乐；也只有这样，我们的孩子才能健康地成长。

许多急性子的教育者时常恨铁不成钢，而事实上，这反映了教育者想将自己的教育理想投射到孩子身上。这里我们呼吁：请尊重"铁"，让孩

第一章 有效地认识孩子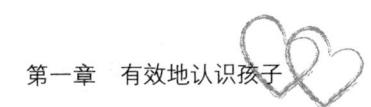

子成为最好的"铁",不要根据自己的理想去强制要求孩子成为"钢"。

让儿童真正成为他自己

安特斯

请让我生长得像我,

并请了解,为什么我希望生长得像我,

不是妈妈所认识的我,

亦非爸爸所希望的我,

或是老师认为应该如此的我,

请试着了解和帮助我,

让我生长得像我。

孩子就是孩子,孩子就是他自己,而不是教育者所要求、所希望、所认为的那个样子。只有当孩子成为他自己时,教育才是真正尊重孩子的教育。

(三)站在孩子的角度认识孩子

与孩子交往时,如果教师对孩子不甚了解——不了解他们的年龄特征,不了解他们的个性特征,那么,很容易在不知不觉中从自我出发做出判断,产生投射效应。

案例1-12 此"亲"与彼"亲"不同

户外活动结束后,小朋友们都回室内喝水。蒙老师走进活动室后,看见全威很快跑到雨思面前,亲了她一下,正想说什么,突然发现老师正看着他,于是飞快地跑开了。

蒙老师看见这样的情景后非常生气,于是,把全威叫到面前,严厉地责

问:"你跟谁学的,真不知道害羞。下次再这样,老师就把你送到公安局去。"说完,蒙老师就到活动室上课去了。

蒙老师发现整整一节课,全威都没有抬头,眼里含着泪水。下课后,全威慢慢地走到蒙老师身边,轻声说:"蒙老师,我刚才亲雨思,是因为她帮我系好了鞋带,为了感谢她,我才亲了她一下。"刹那间,蒙老师的脸通红,她心中充满了懊悔和内疚。蒙老师马上摸着全威的头说:"全威,蒙老师错怪你了,你能原谅老师吗?让我亲你一下,表示对不起。"说着,蒙老师在全威的脸上亲了一下。全威一蹦一跳地回到小伙伴中间去了。

蒙老师误解全威的根本原因在于,她用自己所理解的"成人之亲"来理解孩子的"单纯之亲"。

案例1-13 以"成人之心"度"孩子之心"

游老师在家长来接孩子时,很严肃地将韦晓云在下午的"新郎新娘"游戏中,和"新郎""上床"的事告诉了她的母亲。结果,韦晓云回家后被母亲狠狠地打了一顿。因为她母亲害怕女儿会因此而堕落。

其实,幼儿玩"新郎新娘"游戏,只不过是一种模仿行为(好模仿是幼儿的天性),是一种正常的心理现象,孩子们绝对不会因此堕落。因为他们表现出的只是纯粹的游戏行为,而不是真正意义上的"性动机"。教育者之所以"看重"此类现象,是因为他们不了解这个年龄段孩子的心理、行为特点,以"成人之心"去度"孩子之心"了。

案例1-14 我会把苹果都咬一口

一位母亲问她5岁的女儿:"假如妈妈和你一起出去玩,我们特别渴但又找不到水喝，而你的小书包里恰巧有两个苹果，那么你会怎么做呢？"女儿奶声奶气地说："我会把苹果都咬一口。"虽然孩子年龄尚小，不谙世事，但母亲听后心里多少有些失落。她本想像别的父母一样，训斥孩子一番，然后再教孩子该怎么做，可在话即将出口的那一刻，她突然改变了主意，而是问女儿到底为什么这样做，没想到女儿天真地说："因为……因为我想把最甜的一个给妈妈！"那一刻，母亲眼里闪烁着泪花，她为女儿的懂事而自豪，也为给了女儿把话说完的机会而感到庆幸。

孩子的思维、逻辑与成人是不一样的。当我们发现孩子的行为与我们所想的不一样时，不要将我们的思维与逻辑强加给孩子，不妨问一问孩子为什么这样做，或许孩子会给我们一个惊喜。

有一位幼儿园实习教师曾遇到这样的问题，有个小男孩对她说："老师，我爱你！"她非常紧张，急忙给我打电话问我该怎么回应，我跟她说："你就大方地跟他说'老师也爱你'，然后，给他一个大大的拥抱！"这位实习教师接到孩子"示爱"时过于紧张，其根本原因在于她将孩子的"爱"与她想的"异性之爱"混淆了。

在与孩子互动的过程中，请记住法国著名教育家卢梭的话："儿童是有他们特有的看法、想法和情感的，如果用我们的看法、想法和情感去代替他们的看法、想法和情感，那简直是最愚蠢的事情。"与孩子交往要多点童心，少点成人之心——不要用成人之心去揣度孩子之心，这样才能与孩子形成积极的互动，才能真正进入孩子的世界。

（四）避免情感投射导致对孩子认识的误差

投射效应中的情感投射易导致严重的人际认知的误差。由于情感投射的作用，人们对自己喜欢的人越看越觉得喜欢；相反，对自己不喜欢的人，则越看越觉得讨厌。因而表现出过分赞扬和吹捧自己喜欢的人或事,过分指责甚至中伤自己厌恶的人或事。这种认为自己喜欢的人或事是美好的、自己讨厌的人或事是丑恶的,并且把自己的情感投射到这些人或事上进行美化或丑化的心理倾向,失去了人际沟通中认知的客观性,极易导致主观臆断并陷入消极偏见的泥潭。

因此,为了避免投射效应导致对孩子认识的误差,教育者一要努力做到爱每一个孩子,二要努力做到多观察、多调查,要辩证地、一分为二地看待每一个孩子,多从积极的角度看待孩子。

第二章 有效地激励孩子

一、给孩子贴个具有激励作用的标签——标签效应

二、让孩子在不知不觉中接受教育——暗示效应

三、你相信，花朵就会盛开——期望效应

四、让孩子知道后面有好事情等着他——祖母原则

……

一、给孩子贴个具有激励作用的标签——标签效应

标签是社会（他人或社会组织）给有关人员附加的身份证明，是社会对一个人的特征进行的界定。比如，"这个人是坏人""这个人是小偷""这个人不诚实"等，这里的"坏人""小偷""不诚实"就是社会给这个人贴的"标签"。社会标签理论认为，这些标签不一定能从客观上反映这个人是什么样的人（因为有些标签是错误地强加给某人的），但它能在一定程度上决定这个人将会成为怎样的人。因为标签改变了别人对被贴标签者的认识，也改变了被贴标签者本人对自己的认识，进而会影响其发展，并使之最终成为标签所标定的身份。在这个变化过程中，别人对他的反应及他对别人的反应的理解起着决定性的作用。

比如，每个人在年幼或年轻的时候都曾做过越轨的事，犯过一些错误。最初这类行为都是暂时的——或是出于一时的冲动，或是出于一时的好奇，可是有些人在后来却变成了习惯性行为，其主要的原因在于这些人在做越轨的事被人察觉并被公之于众后，被人们贴上了"越轨者"这一标签。此后，其他人就开始根据这一标签来对其做出相应的反应，结果，犯过过失的人在社会的强化下，有意或者无意地接受了这一标签，从而产生了一个新的自我概念——"我是越轨者，我是异类人"，并且开始做出相应的举动，最终使标签成为"自动实现的预言"。

一个惯偷在讲他的成长经历时是这样说的："我第一次偷窃是在小学的时候，那时我只是想模仿电视剧中的'江南大盗'，可没想到那一次偷窃改变了我的一生。我被同学发现后报告了老师，结果我在全校会议上被公开通报批评,于是,我就有了一个外号——'贼'。从此,只要学校里有人丢了东西,我都会被当作第一个怀疑的对象;由于许多小学同学和我上同一所中学,所以'贼'的身份也就跟着我到了中学。别人都知道我是'贼',处处提防着我……"最后他还说:"我实在没有办法,最终我只能与贼为伍。"

根据社会标签理论,我们在对孩子进行教育时,应该注意以下两点。

(一)审慎地对待孩子的"第一次"

正面的标签对孩子的发展能起到激励的作用,负面的标签对孩子的发展则会起到阻碍的作用。因此在处理孩子的"第一次"时要特别审慎。当孩子"第一次"表现出良好行为时,应该及时地给他贴一个具有积极导向作用的标签,使他在这一良好标签的激励下不断地进步,最终将偶尔出现的良好行为变成一种行为习惯或品质。当孩子"第一次"表现出不良行为时,不要在公开场合对其批评训斥,也不要由于孩子的一次过错而给他贴上消极的标签,否则,这种标签将会成为孩子今后发展的障碍。

(二)努力消除所贴标签对孩子造成的消极影响

由于种种原因,以前我们可能给孩子贴过这样那样的标签,有的对孩子的发展起积极的作用,有的对孩子的发展则起消极的作用。现在我们需要做的是:及时清除那些有可能对孩子心理发展造成直接或间接的消极影响的标签,以欣赏的眼光去看待孩子,努力发现他们身上的闪光点,进而以积极的标签代替原来的消极的标签,为孩子的健康发展创造良好的心理空间。

作为教育者我们应该时刻记住:正面的标签能激励孩子不断地前进,负面的标签将会成为孩子今后发展的障碍。例如,孩子怕黑,晚上不敢独自去卫生间,教育者如果能这样对孩子说:"你可以像警察叔叔一样勇敢,警察叔叔可从来都不怕黑哟。"那么,孩子可能会立即勇敢起来。相反,如果此时教

育者大声吼骂孩子是个胆小鬼，多次重复之后，这个孩子真的就会相信自己是个胆小鬼——不但怕黑，而且还怕其他许多东西。

所以希望教育者能给孩子贴上正面的标签，以便孩子每天都能在被激励中健康成长！

二、让孩子在不知不觉中接受教育——暗示效应

暗示效应是指在无对抗的条件下，用含蓄、诱导的方法对人们的心理和行为造成影响，从而间接地促使其按照一定的方式去行动或接受意见，使其思想、行为与暗示者所期望的目标相符合。

第二次世界大战期间，美国政府招募了一批行为不良的年轻人到前线打仗。这些人纪律涣散，不听指挥，指挥官感到十分头疼。后来请心理学家来帮助他们。心理学家召集这些士兵，告诉他们家里的亲人十分挂念他们，要他们每人每星期做完礼拜后，都给家里的亲人写一封信，内容是告诉亲人，他们在前线如何勇敢，如何服从指挥和建立战功。为了给这些士兵减少麻烦，信的内容由心理学家拟好，他们只须照抄一遍，每次的内容都基本相似。令指挥官们感到吃惊的是，半年之后，这些士兵一个个都变了样——变得像信中所说的那样勇敢和守纪律。是什么力量使这些士兵奇迹般地都变"好"了呢？"家书"中那些"勇敢""守纪律""立战功"等积极词语的暗示作用发挥了作用。

一般来说，幼儿期的孩子比中小学生和成人更容易接受暗示。对幼儿进行暗示更容易取得预期的教育效果。有一次，我去幼儿园接孩子，顺便问起孩子在园的表现情况。老师说："你家孩子很聪明，但是有一个习惯不太好，

本来会做的事、会唱的歌，只要老师让他去前面做或唱，他就会找出种种拒绝的理由，即使被说服了，到前面也是忸忸怩怩，或声音很低，或不敢朝前看。"说到这时，孩子从滑梯上下来向我们跑来，我便对孩子讲："你看，老师正在夸你呢！说你上了大班后进步可大啦！成了大哥哥，特别勇敢。老师说，谁给大家唱支歌？你就会把手举得高高的，然后勇敢地到前面去唱，老师还要评你当'小歌星'呢！"老师也连忙附和说是，我发现孩子脸上露出得意的神情，没想到从此以后孩子果真变了样，过去那种忸怩的状态不见了，后来还代表幼儿园参加了全市师生声乐大赛。

如果我们常给孩子消极的暗示，那么，孩子则会往消极的方向发展。比如，有位母亲经常当着孩子的面对别人说："我这孩子只爱听故事，不爱讲故事；只爱乱画，不爱写字；胆子大得谁都不怕……"结果，孩子上学后，不愿回答老师的提问，并且常常不顾老师的劝阻和批评违反纪律。

（一）教育者可用的暗示方法

在教学过程中，教育者可以通过语言暗示、动作暗示、表情暗示等方法，提高教学效果。

1. 语言暗示

语言暗示是指在教育孩子时不直接进行表扬或批评，而是用讲故事、打比方、做比较等方法，把自己的观点巧妙地表达出来。例如，当孩子没洗手就准备吃饭时，可以这么说："饭前洗手的孩子是好孩子，爸爸妈妈最喜欢这样的孩子了。"这比简单地说"洗了手再吃饭"更容易让孩子接受。还可以让孩子之间相互进行鼓励，比如：

领：我很棒！（×××）　　众：你很棒！（×××）

领：你也行！（×××）　　众：我也行！（×××）

2. 动作暗示

动作暗示是指用体态语把自己的想法表露出来，从而教育孩子。例如，在指导孩子画画发现他坐姿不正时，可以面对他做一个挺胸的动作，孩子接受了这个暗示信号后，会立即做出反应，坐得端端正正。再如，教育者可以利用肢体动作暗示孩子，使孩子更快地理解音乐作品，如在表现音乐情绪方面，教育者可以用左右轻轻摆动身体来表示轻柔舒展的音乐，用小幅度的点头来表示欢快活泼的音乐。

3. 眼神暗示

眼神暗示是指用眼睛暗示要说的话。例如，给孩子们讲故事或启发他们思考问题时，有的孩子可能注意力不集中，没有认真听，而是在做小动作。这时就可以用眼神注意他们的手，孩子就会停止做小动作，集中精力听讲或思考问题。

4. 表情暗示

表情暗示是指用表情传达信息，形成刺激，使孩子做出反应。例如，当孩子做了一件让人称赞的事时，就微笑着对他点点头，表示赞许和认可；当孩子做了一件令人不喜欢的事时，就皱一下眉头或摇摇头，表示不同意、不赞成。

5. 环境暗示

在一个积极向上的班级里，内向、悲观的孩子会逐渐变得活泼开朗和积极向上；在一个整洁的环境里学习生活，孩子们也能学会爱整洁。相反，在肮脏的环境中责备幼儿不注意卫生，往往达不到效果。

6. 形象暗示

教育者以身作则，注重身教，就是最好的暗示教育。洛克曾说："务必接受一个不容置疑的真理，无论给儿童什么教育，无论每日给他什么样的聪明而文雅的训练，对他的行为能发生最大影响的依然是他周围的伙伴，是看护人行为的榜样。"

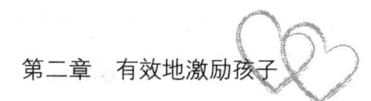

（二）教育者运用暗示效应时的注意点

根据暗示效应所揭示的教育原理，在教育孩子时应该注意以下五点。

1. 对孩子使用积极的体态语

为了给孩子更多鼓励，教育者在与孩子交往的过程中，应该多竖起大拇指，少用食指；多给孩子鼓掌，少给否定的体态语。例如，孩子们在回答完一个问题时或者勇敢地站在大家面前讲故事时，就像登台表演的明星一样，很渴望老师和同伴的掌声和鼓励，教师可教给孩子们一套特定的手掌体态语，如当一个小朋友或一组小朋友完成一件有一定难度的事情时，大家可以一齐鼓掌说："××，你真棒！"平时，教师还应该多给孩子真诚的鼓励、微笑的眼神，这样做可以让孩子受到鼓舞，得到信心和勇气。特别是对于那些胆小、内向、不擅于表现的孩子，教师一定不要吝惜真诚的微笑，多对他笑一笑，多给他一个鼓励的眼神，慢慢地孩子就会变得自信、大胆，乐于和小朋友们一起玩耍。

眼神是一种无声的语言，能更细腻、更清晰地表达内心的情感。不同的眼神和不同的注视方式会给孩子带来不同的心理感受。当孩子独立完成一件事情后，教师给予赞赏、肯定的眼神，孩子就能体会到成功的喜悦；当孩子遇到挫折时，教师给予鼓励、安慰、爱抚的眼神，孩子就能感受到勇气和力量，有信心去克服困难。对偶尔犯错的孩子，教育者鼓励的眼神会给孩子以动力，能够让他积极进取。在学习新知识、新技能时，教育者鼓励的眼神能够让孩子感受到教育者对自己的期待，他们会学得更好，进步更快。

孩子的健康成长离不开教育者的不断鼓励，因此，要让竖起大拇指、微笑、鼓掌、鼓励期待的眼神成为幼儿教育者的习惯体态语。

2. 教会孩子积极的自我暗示

哲学家马克·奥勒留说："一个人的生活就是他想成为的样子。"因此，教

育者平时要教会孩子多进行积极的自我暗示,多说积极的话,让其心灵更健康。教育者应该有意识地训练孩子进行积极的自我暗示,经常让孩子根据具体情况说以下有积极意义的话:"我能行。""我是很棒的。""今天真开心。""今天我又学会了……本领。""我可以的!""我最棒!""我一定能……""我能做到!""我一定会找到解决方法的!""方法总比问题多,我一定能找到办法!""继续努力,我一定会成功的!"

当孩子自信心不足时,鼓励孩子说以下有积极意义的话:"老师说我有进步,加油噢……""我不孤单,老师喜欢我,小朋友们也很喜欢我……""原来,在老师和小朋友眼中我也是很不错的……""我是勇敢的……""让我试试……""失败不可怕,让我再试试……""让我自己……""这次失败,我找到了原因,下次我一定会成功。""下次我会做得更好。""人可以被消灭,但不可以被打败。"让孩子将这些振奋人心的话语说给自己听,通过积极的自我暗示,孩子就会变得独立、自信、勇敢、具有进取心。

让孩子少说甚至不说具有消极暗示效果的话,比如,"糟糕透了!""太让人气愤了!""真没办法!""你本来可以……""这下惨了!""我本来能够……""我希望我曾……""如果当时……该多好啊!"这些消极的话说多了,孩子就会变得颓丧、不自信。

3. 给孩子积极的示范

教育者要为孩子树立良好的榜样,用自己正确的言行、态度暗示孩子,使其受到潜移默化的影响。常言说,身教胜于言传,"喊破嗓子不如做出样子":要求孩子讲卫生,教育者首先要做到讲卫生;要求孩子优雅,教育者首先要吃得优雅、坐得优雅、站得优雅、走得优雅、说得优雅、做得优雅;要求孩子不挑食,教育者首先要做到不挑食;要想让孩子成为一个乐观主义者,教育者首先要成为一个乐观主义者,平时多说积极的话,多做积极的事;要想让孩子活泼开朗,教育者首先要成为一个活泼开朗的人。

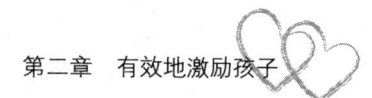

案例2-1 A老师

第一天,老师说:"小朋友,惨了,今天天气不好,又不能出去了。"

第二天,老师说:"惨了,今天太阳太大,出去玩耍很容易晒伤。"

第三天,老师说:"小朋友,真惨,今天老师差点迟到。"

案例2-2 B老师

第一天,老师说:"小朋友,今天下雨了,多好呀,我们可以欣赏雨景。"

第二天,老师说:"小朋友,今天出太阳了,我们可以在太阳底下享受温暖的阳光。"

……

在上述案例中,A老师是位悲观主义者,B老师是位乐观主义者,根据暗示效应的原理,长此以往,A老师很可能会带出悲观厌世的孩子,而B老师则可能会带出乐天派的孩子。教育者在孩子面前要多说积极的话,做积极的事,以促进孩子健康发展。

4. 以图标引领孩子的行为

平常可用简单、清晰的图标来暗示孩子的行为规范。一到午睡时间,小朋友们就会自觉地跑到小床边,脱掉鞋子躺在床上,鞋子通常都会扔得满地都是,等他们睡醒之后,找鞋子成了一个大难题。为解决这一问题,我们可以在每张小床下面贴上一对小脚丫的图标,让孩子们知道鞋子的摆放位置和摆放方向。

5. 避免消极暗示

消极暗示,特别是来自重要他人(老师或家长)的消极暗示,会在心理

和心智方面给孩子造成消极的影响,比如,会挫伤孩子的积极性,使孩子出现不良心态,所以在幼儿教育的过程中要避免使用消极暗示。如果教育者在孩子做错了事或没有完成某项任务时说:"这孩子的脑子不好使。""孩子笨,没办法。""这孩子就是这样!"也许目的是要刺激孩子,但实际上孩子因此会产生自卑感,以后一遇到困难,孩子就会认为自己失败的原因是"脑子笨""永远是这样",看不到自己的长处甚至"破罐子破摔"。

其实就这一句看起来不起眼的"他就这样",就会对孩子的心理造成严重的影响。孩子的许多性格问题都是由直接抚养人的消极暗示造成的。有的家长由于爱面子,经常当着孩子的面把"孩子胆小""内向不爱讲话""脾气不好"之类的话挂在嘴边,以为是打圆场,时间长了孩子会认为自己真的胆小、内向不爱讲话、脾气不好。久而久之,孩子就会形成消极的自我认知,变得越发胆小,不爱说话,爱发脾气。所以,教育者要避免在孩子面前给孩子消极的评价,特别是不要重复地进行消极的评价。相反,应该多发现孩子的闪光点,多给孩子积极的评价和积极的暗示,以激励孩子不断地进步。

案例2-3 你说什么,他就是什么

小敏性格内向,很少主动和人说话。一次偶然的机会,她在小区里大声问一位奶奶好。这位奶奶是一位退休老师,非常喜欢孩子,经常带孩子一起玩。从那以后,她经常当着孩子的面对别人说:"小敏很大方,特别喜欢问人好。"小敏的母亲也跟着这样说。不到一个月的时间,原本羞怯的小敏彻底变了样。在小区里玩耍时遇到陌生人、熟人都会问好,见到熟悉的人,老远就跟人家打招呼……

教育者可以经常真诚地、发自内心地对孩子说:"我相信你,你一定能……"每天都对孩子强化这种信念,让孩子感受到教育者的信心和真诚,

持之以恒地进行积极暗示，孩子的言行态度就会发生积极的变化。

积极的暗示就像润物无声的细雨，悄悄滋润着孩子稚嫩的心灵，对于培养孩子规范的举止、优良的品性、良好的习惯等都具有重要的意义。积极的暗示会带给孩子们自信，使他们不断走向成功。孩子是我们一生的事业，让我们多给孩子一些积极的心理暗示吧！

三、你相信，花朵就会盛开——期望效应

教育者对孩子的期望，是指教育者对孩子行为结果的某种预测性认识。在教育实践中，教育者对孩子抱有不同性质的期望，会有意无意地以相应的态度和方式对孩子施以影响，进而在孩子身上产生不同的教育效果。如果教育者对孩子抱有积极的期望，一段时间后孩子会真的如教育者所期望的那样进步；如果教育者对孩子抱有消极的期望，一段时间后孩子的学业成绩和品行则会变"坏"。这种现象在教育心理学上被称为期望效应。

期望效应是由美国心理学家罗森塔尔在1968年和他的助手雅各布森在加州旧金山市奥克学校进行实验后提出来的。实验者从该校1—6年级的每个年级中抽出3个班作为实验组。在实验开始时，实验者对全校学生进行了一次"弗拉纳根普通能力测验"——一种普通的智力测验。但实验者对该校领导和教育者们说的是鉴定谁会成为"近期即将盛开的花朵"的一种测验，并称这种测验可以预测哪些学生在下学年将有非凡的发展或"冲刺"潜力。

实验者在测验之后，列出了占各实验班的20%的"花朵"的名单，并以这20%作为实验组的被试成员，其余则为控制组成员。其实，实验者所列出的"花朵"名单并非根据测验而定，而是随机指定的。实验者在走之前将这

份名单交给该校的领导和教育者,这是实验处理的唯一措施。之后实验者都没有与教育者接触,也没有到现场。8个月后,进行第二次测验,再过一年进行第三次测验。测验结果表明,正如实验者诱发的教育者期望的那样,这些被随机选出的20%的"花朵"果然"盛开"了——被试组的学生在智商和学业成绩方面都比控制组的学生有明显的提高,同时,他们"更有顺应能力""求知欲更旺盛""与教育者的情谊更深",等等,特别是女生和低年级的学生更为明显。

研究者认为,教育者受到实验者的暗示,对这些"花朵"抱有较高的期望,可能在和这些"花朵"相处时态度也不一样,致使自己的期望对这些"花朵"造成微妙的影响,从而影响他们的发展,进而"实现预言效应"。期望效应是由罗森塔尔首先提出的,因此又被称为罗森塔尔效应,同时又因为实验中发现的这一现象可与一则希腊故事相媲美,所以又叫作"皮格马利翁效应"[1]。

期望效应或许早已为许多教育者熟知,它对提高教育教学质量,促进孩子健康成长有着十分重要的意义。但由于研究和宣传的片面性,致使许多教育者错误地认为,只要我们对孩子抱有期望,就必定会产生期望效应,实践中有夸大"教育者期望"这一教育手段的作用的倾向。

其实,由教育者的期望 → 期望效应的产生,需要经历一个复杂的过程,并且这一过程的进展和结果受到许多因素的制约。由于许多教育者并不了解这一过程及其影响因素,所以在使用"教育者期望"这一教育手段时,处于一种盲目的尝试状态,因此很少从孩子身上看到"期望效应"的效果,有的甚至产生了"事与愿违"的反教育效果。因此,为了更好地发挥"教育者期望"这一教育手段的作用,我们有必要研究期望效应产生的过程及

---

[1] 皮格马利翁是希腊神话中的一个国王,他十分迷恋自己精心雕刻的一尊象牙女神像,每天都深情地凝望着象牙女神像,最终他的虔诚和深情让这尊雕像变成活人,并如愿以偿地同他结为伉俪。

其影响因素。

那么，期望效应的实现要经历怎样的过程，以及这一过程要受哪些因素制约呢？教育者期望效应的实现一般要经历如下循环往复的过程：

> ①关于孩子（个体或团体）的信息→②教育者对孩子（个体或团体）期望的形成→③教育者期望的传递→④孩子将教育者的期望内化为对自己的期望→⑤孩子心理行为的变化发展→⑥教育者对孩子产生新的期望……

（一）教育者期望的形成

教育者期望效应的实现过程是从教育者期望的形成开始的。教育者根据孩子的信息——性别、外貌、行为习惯、穿着打扮、家庭背景等，通过自己的价值观念体系的作用，对不同的孩子形成不同的期望，其中教育者的价值观、教育观、孩子观、人才观起着重要的作用。比如，教育者对"好孩子"的看法是不一样的，有的人认为好孩子应该是听话的、文静的；有的人认为好孩子应该是大胆的、有创造性的、好动的。这些不同的看法都会影响他们对孩子的期望，这些不同的期望又会影响孩子的发展。我们在幼儿园实习时，常常看到不同风格的教育者带出来的班级是不一样的，有的班的孩子很听话，守纪律；有的班的孩子则活泼好动，这都是教育者对孩子不同的期望所致。

（二）教育者向孩子传递期望

教育者通过自己的言行、表情等向孩子传递期望的信息。比如，对"高期望"的孩子多提问，多给其参加各种比赛的机会、当"小领袖"的机会，多鼓励，多与之沟通，多给予积极的体态语言（如微笑、投以热情信任亲切的目光、肯定地点点头、亲切地拉拉手)等；而对"低期望"的孩子则相反——提问少，批评多，很少给其表现的机会……教育者根据自己对不同孩子的不

幼儿教育中的心理效应

同期望，对他们表现出不同的言行、态度，而这些又直接影响和制约着孩子的心态和行为，从而影响孩子的发展。

（三）孩子内化教育者的期望

孩子内化教育者的期望，并以教育者的期望调节自己的行为。孩子在有意、无意中接收了教育者对自己的期望信息，并通过自己的内在心理机制，产生不同的态度和反应。教育者的期望只有经过孩子的"内化"，才能对他们的发展起作用。在这一过程中，教育者与孩子关系的融洽程度、教育者在孩子心目中的地位和威信，直接决定了教育者的期望能否被孩子接受。一般来说，教育者在孩子心目中的威信很高，师幼关系融洽，孩子就容易接受教育者期望的正面影响，教育者的期望对孩子发展的影响容易取得预期的效果；反之，教育者在孩子心目中的威信不高，师幼关系不融洽甚至对立，孩子就不容易接受教育者期望的正面影响，教育者的期望对孩子的发展就没有起到应有的作用，甚至会产生负作用。如果师幼关系不融洽，彼此情绪对立，那么孩子对教育者的一切教育影响，包括教育者对其期望在内都抱有"逆反心理"，你要他向东，他偏向西。在这种情况下，不管教育者的期望多么正确，对孩子的发展都只能起消极的作用。这种现象在幼儿园大班十分普遍。

另外，孩子的敏感性也是影响孩子内化教育者期望的重要因素。一般来说，敏感性高的孩子更易受教育者期望的影响。比如，女孩比男孩更易受教育者期望的影响，小班的孩子比大班的孩子更易受教育者期望的影响。但从总体上来讲，由于孩子的心理发展有易接受暗示的特点，所以整个幼儿期的孩子都比较容易受教育者期望的影响。因此，可以说，教育者期望这一教育手段在幼儿教育阶段有着特殊的意义。

（四）教育者根据孩子反馈的信息或维持、或调整原来的期望

孩子的行为及其发展是教育者期望效应的结果，为教育者提供了新的信息资料，教育者可以据此或维持、或调整原来对孩子的期望，然后通过这些新的期望再去影响孩子的发展。如果孩子反馈的信息是"积极的""良好的"（即按教育者期望的方向水平发展），那么教育者可维持原来的积极期望。如果孩子反馈的信息是"不良的""消极的"（即没有按教育者期望的方向水平发展），那么教育者就需要调整原来对孩子的期望。在这一过程中，教育者的职业素质、职业道德起着十分重要的作用。职业素质好的教育者，不管孩子反馈的信息是"积极的"还是"消极的"，教育者总能对孩子抱以"积极的期望"。相反，如果教育者的职业素质特别是职业道德很差的话，当孩子反馈的信息是他们所期望的积极回报时，很可能就会形成期望效应中的良性循环，即教育者对孩子抱积极的期望→孩子做出积极的回应，达到教育者所期望的目标→教育者对孩子抱新的积极的期望→孩子又做出积极的回应，达到教育者所期望的新目标……反之，当孩子没有对教育者的期望给予积极回报时，教育者很可能就会因"恨铁不成钢"而"以怨报怨"，对孩子抱以消极的期望或者干脆"放任"孩子，进而形成期望效应中的恶性循环。

教育者期望效应的效果除了受上述因素影响之外，还受教育者期望的内容及其相对某个孩子或某个团体的难度，以及孩子的内在潜力发展状态的影响。一般来说，教育者对孩子的课堂行为的期望，比对其学业成绩的期望更易生效；教育者对孩子学业成绩的期望，比对其智力的期望更易生效。教育者对孩子的期望过高或过低，都不利于教育者期望效应的产生和孩子的发展。教育者的期望过高，超出了孩子发展的潜在可能性以及孩子的承受能力，那么就会引起孩子的反感。如果孩子几经努力仍不能达到教育者所期望的目标，那么，他们就会因此产生挫折感，有的甚至由此而自暴自弃，丧失学习的信

心和动力；而教育者对孩子提出过低的期望，由于缺乏难度，因而不能对孩子的发展起到促进作用。

孩子的潜力发展状态也是影响教育者期望效应的一个因素，比如，一个智力超常并富有创造力的儿童在"传统教育者"的管教下，其聪明才智往往容易受到压制，因为他有许多"反常行为"。在这种情况下，他的学业成绩当然不会很好，在"传统教育者"的心目中，他不是一个"好孩子"，而是一个"爱捣乱的孩子"，因而没有对他寄予积极的期望；如果换一个慧眼识英才的教育者——他不会把富有创造力的孩子的种种"反常行为"当成"问题行为"来看待，相反，他会把孩子的这类"反常行为"当作"智慧行为"，因而对他寄予极高的期望（而不是去控制他的"反常行为"），这样，教育者期望效应得到的效果会极其明显，孩子的成绩也会大幅提高。现实中，许多超常儿童都是受到压制的，他们的聪明才智并没有得到真正的发挥，这不能不说是教育的失败。

构成期望效应实现过程的各个环节是紧密联系并互为因果的。在其周期性的循环过程中，各个环节之间应是畅通无阻、首尾相接的，否则教育者的期望效应便难以实现。那么幼教工作者在运用教育者期望这一教育手段时，还应该注意哪些问题呢？我们认为应注意以下几点。

1. 树立威信，建立融洽的师幼关系

教育者要努力在孩子面前树立自己的威信，并创建一种民主、平等、融洽的师幼关系，为教育者期望效应的实现创造有利的条件。

2. 给每个孩子以积极的、全面的期望

教育者要树立正确的教育观，要改变自己头脑里的各种世俗偏见，根据具体情况，对每个孩子都寄予积极的、全面的期望，使教育者的期望能成为促进孩子全面发展的动力。不管孩子的出身如何、长相如何，他在教育者心目中的地位都应是平等的。他们都是祖国的花朵、民族未来的希望，教育者都应给予积极的关注和期望。同时，由于我们培养的是未来全面发展的接班人，所以，我们对孩子的期望也应是全面的，同时也应是面向未来的。在某种程度上教育者的期望对孩子的发展起着导向作用，如果我们对孩子的期望不全面，不是面向未来的，那么很可能就会误导孩子的发展，担误了孩子的未来。

3. 教育者对孩子的期望要适度

一个班二三十个孩子，他们的先天条件和后天的教育都不会完全相同，智力的开发也有早有晚，孩子的发展总有"快的"和"慢的"。教育者在不同时期对不同层次的孩子，应分别提出不同的期望，既不能超越每个孩子实际的生理或心理发展，提出过高的期望，也不能低估孩子的潜力和积极性，提出过低的期望。对于发展水平不同的孩子应持有不同的期望，并保证他们在教育者期望的影响下，都有不同程度的发展。

4. 要善于等待

教育者的期望对孩子发展的影响实际上是潜移默化的，它不可能产生立竿见影的效果，所以我们要有耐心，要持之以恒地给孩子以积极的期望，要善于等待。教育者对孩子"恨铁不成钢"，很重要的原因就是他们不知道期望效应的产生需要一个过程，而且他们对孩子的发展缺乏应有的耐心。

5. 不能无限夸大教育者期望的作用

教育者的期望仅仅是影响孩子发展的诸多因素中的一种，它不是万能的，只有和其他教育手段有机地结合起来，才能取得最佳的教育效果。因此，我们不能无限夸大教育者期望的作用，应该根据期望效应的规律，充分发挥教育者期望在促进孩子健康发展中的作用。

四、让孩子知道后面有好事情等着他——祖母原则

美国临床心理学家林恩·克拉克博士在《救助父母》一书中写道:"应用祖母原则可以帮助孩子去做他们不乐意做的事情。祖母原则认为'做完家务之后,你才可以去玩'。如果有一件愉快的事等着我们,那么我们就会很快完成另一件不喜欢做的工作。"作者还认为:"不可颠倒祖母原则,如'假如你能保证晚上做数学作业,那么,你现在就可以看电视'。如果你女儿不喜欢数学,总是拖拉,而你又允许女儿先看电视,那么她就没有动力去完成数学作业了。她将继续逃避数学,同时也会因为没有完成数学作业而内疚、不安。答应做某事和内疚并不能帮助孩子完成不喜欢做的事情。完成工作后的奖励才是有效的动力。"所以作者又说:"如果颠倒了祖母原则,那么要求孩子去完成某件不喜欢的工作是很困难的。"

现实中,教师可以利用祖母原则,让孩子按时、高质量地完成他们不喜欢的任务。

首先完成	然后可以
1. 吃午饭	1. 看动画片
2. 睡午觉	2. 滑滑梯
3. 吃药	3. 玩积木
……	……

为了更好地促进孩子的发展,教师在使用祖母原则时应该注意以下三点。

（一）"然后可以……"部分的活动对孩子要有适当的吸引力

能参与后续活动是引发孩子去做他当前不喜欢做的事的动力。如果后续活动对孩子没有适当的吸引力，那么，它就没有办法驱使孩子去做他不喜欢做的事。因此，在设计"然后可以……"的活动时，一定要考虑孩子的兴趣和需要，要根据孩子的不同兴趣和需要来设计"然后可以……"的活动。

（二）"然后可以……"部分的活动对孩子的成长应该是有益的

幼儿园里开展的所有活动对幼儿的成长都应该是有益的，而不应该是有害的，根据祖母原则设计的"然后可以……"的活动也不例外。比如，首先完成"吃午饭"，就不能"然后可以滑滑梯"；又如，首先完成"吃药"，就不能"然后可以吃冰激凌"。

（三）对祖母原则的超越

祖母原则对促使孩子做他不愿意做的事情确实有效——只要你增强"然后可以……"部分活动对孩子的吸引力，你要孩子去做什么事情似乎都可以！但它的作用也是有限的。教育在许多方面的最终目标是促使孩子形成相应的行为习惯，比如良好的劳动习惯、学习习惯、饮食习惯、睡眠习惯等，而在这些方面，祖母原则就显得无能为力了。因为应用祖母原则只能使孩子在有"然后可以……"的条件下去做他不愿意做的事，也就是说孩子做他不愿意做的事，也只是为了"然后可以……"如果没有这一条件，孩子是不会去做他不愿意做的事情的。所以祖母原则很难使孩子形成相应的行为习惯，更不能使孩子对相应的工作形成真正的内在动机。

祖母原则只能作为一种教育的权宜之计，而非教育之上策。祖母原则用多了，其负作用也会越来越明显，比如，孩子做某件事情只是为了"然后可

以……"的强化,为此有时还会和教育者"讨价还价",而对工作和学习并没有任何责任感、内在兴趣和动力。这种教育的结果是很可怕的。

另外,我们还应该认识到祖母原则的风险,具体表现在:第一,孩子为了他喜欢的"然后可以……"而做某件事,就等于说这件事本身不值得做;第二,使用"然后可以……"轻易达到了让中午不想睡觉的孩子去睡觉,这样就阻碍了我们去探究孩子为什么中午不愿意睡觉、孩子中午都必须睡觉的制度是否合理等问题。从这个角度来说,祖母原则是一种短视、省事的处理方法,也许短时间内会有明显效果,但由于未找到深层原因,更没有真正地解决问题,所以,其效果不会持久。

所以不能把祖母原则当作万能的教育方法而滥用。在适当使用祖母原则这一教育方式的同时,还要注意对孩子进行责任感的教育,并培养他们对做某事的内在兴趣,进而激起他们的内在动机,使孩子从做事情(如工作、学习)的过程中获得真正的乐趣和满足,并且使他们形成责任感。这才是教育追求的真正目标!

五、保护和激发孩子的内在动机——德西效应

美国心理学家爱德华·德西在1971年专门做了一个实验。

案例2-4 德西效应实验

德西让大学生做被试,在实验室里解有趣的智力难题。实验分为三个阶段,第一阶段,所有的被试都无奖励;第二阶段,将被试分为两组,实验组的被试完成一道难题可得到1美元的报酬,而控制组的被试跟第一阶段相同,

无报酬；第三阶段为休息时间，被试可以在原地自由活动，并把他们是否继续去解题作为喜爱这项活动的程度指标。

实验结果表明：实验组（奖励组）的被试在第二阶段十分努力，而在第三阶段继续解题的人数减少，表明兴趣与努力的程度在减弱；而控制组（无奖励组）的被试在第三阶段有更多人花休息时间继续解题，表明兴趣与努力的程度在增强。

这个实验结果表明，在进行一项愉快的活动（即内感报酬）时，如果提供外部的物质奖励（即外加报酬），反而会减少这项活动对参与者的吸引力。

德西效应就是以德西的上述实验来命名的，它是指在某些情况下，当外加报酬和内感报酬兼得的时候，不但不会使工作的动机倍增、积极性更高，反而会使其效果变差，外加报酬（主要是物质奖励）会抵消内感报酬的作用。德西效应在幼儿教育中也得到了相关实验的验证。

案例2-5 两组孩子玩笔的兴趣

心理学家让托儿所里的孩子用毡头笔画画，孩子们很喜欢这种活动并准备在自由游戏时玩。研究者记录了每个孩子自己玩笔的时间。

A组：他们告诉孩子，如果能将一幅毡头笔画送给一位男孩，那么他们将会得到奖品——用金色印章和红丝带做的"优秀绘画奖"。在画了6分钟后，每个儿童都得到了许诺的奖赏。

B组：没有给孩子任何的奖励。

一周后研究者观察孩子们的自由游戏发现：

A组孩子比刚开始实验时玩笔所花的时间少得多。

B组孩子继续表现出和最初一样的玩笔兴趣。

为什么原本有兴趣的活动会因为外部奖赏而吸引力大减呢？因为外部奖赏让孩子的行为动机由活动本身转向活动之外的奖赏，进而降低了孩子对活动本身的兴趣。

德西效应告诉我们：内感报酬是努力的最主要的来源，而外加报酬一定要适度，它只能让孩子们保持短时间的积极性。根据德西效应原理，教师在设计和实施各项保教活动的过程中应该注意以下几点。

（一）如果孩子对活动有内在动机，那么就不要给予奖励

当孩子在活动中已经有内在动机时，教育者就不要再给予奖励了，因为奖励会让孩子将行为动机由活动本身转向外部的奖励。比如，孩子非常喜欢画画，他并不需要成人的表扬和物质奖励，只要获得认可就足够了。如果孩子画出一幅很美的画，那么教育者只要关注就行了；但如果成人说："宝贝，你真棒！等一下我给你吃巧克力！"从长远来看，这样的奖励不仅不能激励孩子去画画，而且会使孩子对画画的兴趣逐渐减弱，甚至会使孩子出现厌烦的心理。

（二）激发孩子对活动的内在动机

过度的奖励刺激不仅不能增强孩子参与活动的主动性，而且有可能弄巧成拙。现实中，有些教师喜欢在各项活动中采取物质奖励这一形式，比如，有的教师为孩子们准备了很多粘贴画、小红心等。在集体教学活动中，举手发言粘一张，坐得端正粘一张；吃饭活动不说话粘一张；睡觉活动不说话粘一张……教学活动的气氛空前热烈，孩子们个个精神抖擞，吃饭、睡觉时都很有秩序……

但当我们冷静下来分析时，从这精彩的背后就可以发现德西效应的影子：孩子们对粘贴画、小红心的兴趣比对学习活动、吃饭活动、睡觉活动的兴趣更大。在这些活动的过程中，他们的目的不在于活动本身，而在于被老师"粘一下"。在活动的过程中，他们都急切地想要得到奖品，甚至老师某天忘记带粘贴画，孩子们会忍不住问老师："老师，今天怎么没有粘贴画呀？"随着期待的落空，相关的活动就会出现混乱的局面——孩子们学习不再认真，吃饭睡觉不再遵守常规，甚至有的孩子都不想睡觉了。

因此，教育者要让孩子的身心能力都受到一定程度的挑战，并且不断地获得成功，获得满足感。在各种保教活动中，让每个孩子都感受到安全感，感受到爱，感受到尊严，让他们发自内心地喜欢各项保教活动，这样的活动无需外部的强化就能让孩子们乐在其中。

六、60-10 < 40+10——阿伦森效应

一个小孩经常到商店里买糖，不过，他总喜欢找同一个售货员买糖。因为别的售货员都是先抓一大把去称，然后再把多的糖一颗一颗拿出来；而那个售货员则每次都抓得不足，然后再一颗一颗地往里加。同样的例子还有阿伦森的经典实验。

案例2-6 阿伦森的经典实验

阿伦森让其助手将被试分为4组，并分别给予不同的评价：

第一组：始终给予肯定的评价。

第二组：始终给予否定的评价。

第三组：先持续给予否定的评价，然后给予肯定的评价。

第四组：先持续给予肯定的评价，然后给予否定的评价。

实验发现：第三组对研究助手的喜欢程度最高，甚至高于第一组；第四组对研究助手的喜欢程度最低，甚至比第二组都低。

阿伦森效应是以美国心理学家艾略特·阿伦森命名的,其基本含义是:人们喜欢对自己奖励、赞扬不断增加的人或物,不喜欢那些对自己奖励、赞扬不断减少的人或物。为什么会这样呢?其实主要是挫折感在作怪。从倍加褒奖到小的赞赏乃至不再赞扬甚至被贬低,这种褒奖分量的递减会导致一定的挫折心理。一般人都能比较平静地接受小的挫折,但褒奖分量持续地递减,最终会让人难以接受,进而引发内心对相应的事或人的不悦和反感。如果对一个人的奖励分量呈逐渐上升的趋势,那么,随之而来的成就感就会增加,相应的良好行为出现的强度和频率也会增加,其对实施奖励的人也越发有好感。

根据阿伦森效应所揭示的教育原理,教育者可以通过如下三个方面来促进幼儿的健康发展。

(一)以"奖励递减法"来制止孩子的不良行为

案例2-7 欲擒故纵

在某学校教师宿舍楼旁边,不知是谁放了几个空铁桶。很快就招来一群孩子,每到中午他们就在桶上敲敲打打,玩耍取乐。孩子们在教师午休时打闹,矛盾随之而来。

先是一位女教师出来劝说:"中午不要在这里玩。"孩子们还算听话,一会儿就停了下来。女教师一走,敲打铁桶的声音又响起来。后来孩子们在铁桶上蹦跳,铁桶发出"叮咚叮咚"的声音。孩子们更加兴奋了。

午休被吵的问题不但没有得到解决,而且还有蔓延和升级之势。劝说无效,教师们的午休成了一种煎熬。

两天后,一位男教师走到铁桶前正言厉色:"不准跳!""叮咚"之声戛然而止,孩子们一动都不动了。此法有效,教师们终于松了口气。可是他们高兴得早了点儿。男教师刚走,一个顽皮的孩子很不服气地做了个鬼脸,接着来了声急促的"叮咚",别的孩子也试着又"叮咚"起来。

一天,范老师把孩子们叫到一起说:"爱玩是好事,你们每天中午在铁桶上跳,我很赞成。第一,锻炼了身体;第二,这十天来,我们楼下没有丢过自行车。小偷看见有人在这儿跳铁桶,就不敢再来。明天你们继续跳,但要跳够两个小时,每天我给你们每人5角钱。"

"这是真的吗?"孩子们一脸疑惑地问道。

"当然是真的。"范老师认真地说。

第二天,孩子们如约而至,跳得更加起劲了。两个小时后他们每人拿到了5角钱。

几个年轻的教师不明白范老师的做法,说:"还嫌闹得不够?不去制止反而鼓励这种行为。"

"大家再忍受两天。"范老师很有把握地说。

第三天,孩子们如约而至,疯狂蹦跳两个小时后,他们争先恐后地跑到范老师那里领钱,但这次范老师只给他们每人3角钱,理由是他手头有点紧,而且范老师还告诉孩子们:"明天的奖励还会更少,每人只能得到2角钱。"

于是,孩子们开始和范老师讨价还价:"我们蹦跳两个小时这么累,才得到2角钱!明天少蹦跳一会儿行吗?"范老师坚决地回应说:"不行!"孩子们不高兴了:"给钱那么少,明天我们不来跳了。"范老师装出很焦虑的样子说:"那小偷来偷我们的自行车怎么办?"孩子们很不高兴地说:"我们不管。谁让你给那么少的钱?!"

从此以后,中午跳铁桶的声音没有了,教师们又可以安稳地睡午觉了。

在上述案例中,范老师就是利用阿伦森效应中的"奖励递减法"制止了孩子们的吵闹行为。另外,教师在利用"奖励递减法"时,要让孩子们明白什么样的行为是老师不喜欢的，同时，告诉他们老师不喜欢这些行为的理由，让他们有相应的判断力，并学会对自己的行为负责，这样，才能增强他们行为的自觉性。

（二）以递增奖励和表扬的方式促进孩子的健康发展

根据阿伦森效应所揭示的教育原理，教育者应该不断发现孩子的优点，不断地给予表扬与肯定，以促进孩子的健康成长，同时赢得孩子对自己的喜爱。

案例 2-8　小婧变了

新学年，程老师接了一个新班。她发现有一个叫小婧的女孩很害羞、内向，不敢在陌生人面前讲话。幼儿园老师叫她回答问题，她也是很小声地回答，不敢大声说话。她几乎不和任何小朋友来往，也不愿与老师说话、亲近。她吃饭也相当慢，总是最后一个吃完。小朋友们时常笑话她，渐渐地她越来越不爱说话了。

为了让小婧自信起来，程老师经常表扬鼓励她。

首先，在盛饭的时候特意给她少盛一些，她一吃完马上在小朋友面前表扬她。

其次，鼓励小婧讲话，并且要她大声地讲。如果小婧回答问题时声音很小，程老师就对小婧说："其实你的声音很好听，要是胆子再大一点，一定会更好听！"如果小婧说话声音变大了，程老师又会鼓励她说："你的声音那么响亮，让人感觉很舒服！"同时，程老师还让全体小朋友为她鼓掌。

再次，鼓励小婧与其他小朋友一起进行户外活动。程老师一见到小婧与其他小朋友一起玩就给予表扬鼓励——走过去微笑着摸摸她的头。有时程老师还会给别的小朋友分派"任务"——与小婧一起玩。

经过程老师三个多月不断的表扬和鼓励，小婧变得自信开朗起来，话也多了。她不再总是一个人玩了，也更加爱笑了。她和老师、小朋友的关系也更加亲密了。

上述案例中小婧的可喜变化来自程老师对她的递增性表扬奖励。递增性表扬奖励改变了小婧的性格和行为，也改变了她与老师的关系。

前苏联教育家马卡连柯曾经说过这样一句话："用放大镜看学生的优点，用缩小镜看学生的缺点。"我们有理由相信，好孩子是夸出来的，而不是批评出来的。因此，教育者要形成一种习惯——不断发现孩子的优点，并且鼓励孩子自己去探索和尝试。哪怕是那些能力稍差或者品行方面存在某些"问题"的孩子，教育者也要学会用欣赏的眼光去看待他们。

老师不是医生，不能总是看到孩子的不足与缺陷；老师不是警察，不能总是看到孩子过去的"阴影"。老师应该是寻找宝藏的人——寻找孩子生命的精神资源，并把这种潜在的资源挖掘出来，变成一笔财富。老师不仅要发现孩子们的闪光点，而且要引导他们自己去发现其闪光点，使他们自尊自爱，相信自己有许多可爱的地方。我们经常教育孩子要尊重他人、爱他人，但很少告诉他们要尊重自己、爱自己。很多孩子因为找不到自己的可爱之处，于是，就变得失去信心。

（三）坚持"先苦后甜"的教育策略

阿伦森效应告诉我们，先批评后表扬比先表扬后批评的效果要好，甚至比始终表扬的效果还要好。因此，在批评孩子的时候，教育者应该在指出孩子存在的缺点之后，继而表扬他们的优点，指明他们今后努力的方向，这样才不致挫伤他们的积极性。尽量避免表扬孩子一番之后，又过多地批评孩子，因为这样不但会使表扬丧失应有的激励作用，而且会因为过度批评而掩盖其

实际存在的优点,使他们看不到自己的长处,从而丧失自信心。

案例2-9 打一巴掌揉三揉

在集体教学活动中,小鹏在玩着什么,嘴里还时不时地发出声音。张老师走近他,轻轻地拍拍他的肩膀说:"小鹏,你又不专心听啦?"小鹏听后马上坐好,双眼盯着面前的张老师,好像有点紧张,知道自己又犯了错误,让老师生气了。看样子,小鹏只是自控能力不够而导致犯错误。于是,张老师马上蹲下,左手搂着小鹏,眼睛正视着他,轻声对他说:"小鹏,张老师知道你是一个能干的孩子,只是有时候想起另外一件事情,一下子就控制不住自己了是不是?下次老师或小朋友提醒你之后,你就会记住,会做得很好的,对不对?""对的。"小鹏很有信心地说。

"打一巴掌揉三揉"是一种民间"偏方",它同样蕴含着阿伦森效应所揭示的教育原理——先鞭策孩子反思自己的行为,然后再鼓励孩子不断进步。

七、让孩子及时知道学习结果——反馈效应

所谓反馈,原本是物理学中的概念,是指把放大器的输出电路中的一部分能量送回输入电路中,以增强或减弱输入讯号的效应。心理学借用这一概念,以说明学习者对自己学习结果的了解,而这种对结果的了解会起到一种强化作用,促进学习者更加努力地学习,从而提高学习效率。这一心理现象被称为反馈效应。

案例 2-10 反馈效应实验

心理学家罗西和亨利曾做过这样一个实验：

把一个班的儿童分为三组，每天学习后对他们进行测验。

第一组：每天告知学习结果；

第二组：每周告知学习结果；

第三组：不告知学习结果。

八周后，三组儿童的学习成绩明显不同：第一组最好，第二组中等，第三组最差。

八周后，第一组、第三组对换，第二组照旧。如此再进行八周实验，三组儿童的学习成绩发生了变化：第一组由最好变为最差，第三组由最差变为最好。

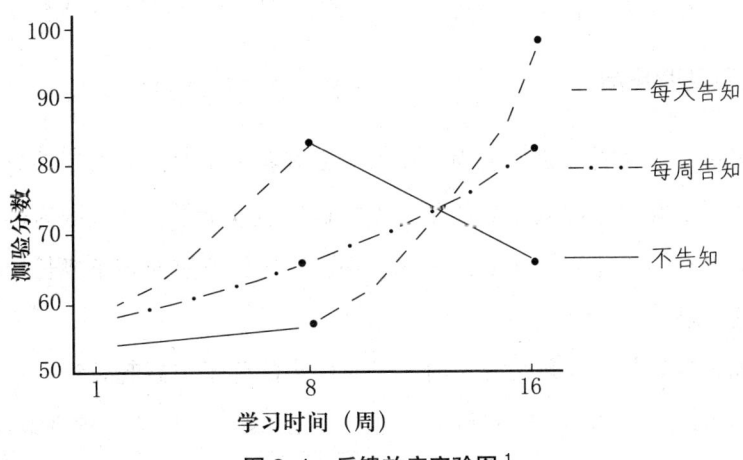

图 2-1 反馈效应实验图[1]

反馈效应告诉我们：在教学过程中，有反馈的学习效果比没有反馈的学

---

[1] 摘自：张德琇. 教育心理研究［M］. 北京：教育科学出版社，1981：54.

习效果要好得多；即时反馈比远时反馈的效应更明显。根据反馈效应所揭示的原理，我们在幼儿园保教工作中，应该注意以下两点。

（一）让孩子知道具体的学习结果

教育者要让孩子知道具体的学习结果——好在哪里，差在哪里。孩子知道自己的学习结果越具体，越有利于其未来的发展。孩子完成某一学习活动后，教师不要抽象地给予反馈，比如说"你真棒！""你真聪明！""你真能干！""真差劲！""真笨！"等。因为这样的反馈并不能让孩子知道他好在哪里、差在哪里，对其学习效果没有强化作用，对其后续学习与发展也没有指导和激励的作用。教师应该通过对具体行为方式、态度的肯定，让孩子知道今后努力的方向，比如："最近你很认真地练习拍球，已经可以一口气拍50下了，而且你控制球的技巧也越来越好，进步很大。""今天你主动把碗筷和盘子收拾到厨房，并且把餐桌都擦干净了，真不错。""哇，你自己穿上了鞋子！"等。

（二）及时反馈

如果孩子上午有良好的表现，那么不要等到下午总结一天活动时才给予肯定，更不要等到每周五才对孩子一周的良好表现给予肯定，因为过一段时间后，极少有孩子还记得他前几天的表现，这样的肯定对孩子成长的促进作用是极其有限的。

例如，某老师上大班公开课时，平时胆小的郭子勇鼓起勇气举手回答了老师的提问，虽然答得不够准确，但他的表现可嘉。老师为了得到最佳答案，接着又请另一位能干的小朋友回答问题，最后便把热烈的拥抱送给了后一个答对的孩子。由于郭子勇的大胆发言没有得到老师的及时表扬与肯定，后半节课，再也没有看到他举手发言。他郁郁寡欢地坐在那里，似乎老师讲的内容与他毫无关系。如果老师及时表扬："郭子勇，你今天真勇敢，当着这么多

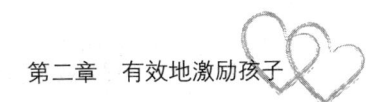

老师的面,你能大胆发言,真棒!老师期待你的小手再次举起来!"相信郭子勇得到老师及时的肯定和鼓励,一定不会消极等待下课了。

八、孩子的成长需要表扬与激励——保龄球效应

请看下面的案例

案例2-11 保龄球效应的由来

保龄球馆里,两名保龄球教练分别训练各自的队员。他们的队员第一次发球都打倒了7只瓶。

教练甲对自己的队员说:"很好!打倒了7只。"队员听了教练的赞扬很受鼓舞,心里想,下次一定再加把劲儿,把剩下的3只也打倒。

教练乙则对自己的队员说:"怎么搞的!还有3只没打倒。"队员听了教练的指责,心里很不服气,暗想:"教练为什么看不见我已经打倒的那7只瓶呢?"

结果,教练甲训练的队员越打越好,教练乙训练的队员打得一次不如一次。

保龄球效应告诉我们,赞赏、激励比批评、指责更能激发人们努力向上的内在动机。这也符合心理学的一般原理:希望得到他人,特别是重要他人的肯定、赞赏,这是每一个正常人的心理需要。而面对指责时,不自觉地为自己辩护,也是正常的心理防御机制。

幼儿教育中的心理效应

案例2-12 本性全露

一位家庭主妇给客人端上米饭,客人称赞说:"这米饭真香!"这位主妇兴奋地告诉客人:"是我做的。"客人吃了一口,又问:"怎么糊了?"这位主妇的脸色骤变,赶紧解释道:"是孩子他奶奶烧的火。"客人又吃了一口说:"米饭里还有沙子!"这位主妇又答:"是孩子他姑姑淘的米。"

你看,人的本性就显露出来了。对于赞赏,这位主妇爽快地接受下来;对于指责,她就千方百计地推托。也许你会说这位主妇特别喜好居功而又善于委过于人,没有普遍意义。但你可以问一问自己,难道你喜欢受到指责而讨厌得到赞赏?正如美国心理学家詹姆斯所说:"人性最深刻的原则是渴望得到赏识。"

根据保龄球效应所揭示的原理,在幼儿园保教工作中,我们应该注意以下四点。

(一)从积极的角度看待孩子的表现

运用保龄球效应的首要条件是发现孩子的优点、闪光点。因此,教师要多从积极的角度看待孩子,多看到他们的闪光点、进步点、生长点、自信点、自豪点等。时常听到一些老师说:"我不是不想找到孩子的优点,而是真的找不出来。"事实上,不是孩子没有优点,是老师的思维存在问题。许多老师像医生那样只会找孩子的毛病,形成了消极的认知模式。要树立每个孩子都有他的优点和闪光点这样的理念,克服原有的消极的思维,从积极的角度去发现每个孩子,特别是差生的闪光点。在这方面陶行知先生为我们树立了榜样。

案例 2-13 四颗糖的故事

陶行知先生在担任一所小学的校长时,看到男生王友用泥块砸班上的同学,当即制止了他,并要他放学后到校长室去。放学后,王友已经站在校长室准备挨训了,陶行知却掏出一颗糖送给他,并说:"这是奖给你的,因为你按时来到这里,而我却迟到了。"王友惊讶地接过糖。随后陶行知又掏出一颗糖放在他手里,说:"这颗糖也是奖给你的,因为当我不让你再打人时,你立即就住手了,这说明你很尊重我。"王友更感到惊讶了,眼睛睁得大大的。陶行知又掏出第三颗糖塞到王友手里,说:"我调查过了,你用泥块砸那些男生,是因为他们不遵守游戏规则,欺负女生。你砸他们,说明你正直善良,有跟坏人做斗争的勇气。"王友感动极了,他流着泪后悔地说:"陶……校长,你打我两下吧!我错了,我砸的不是坏人,而是自己的同学呀!"陶行知满意地笑了,说:"你能正确地认识自己的错误,我再奖给你一颗糖,可惜我只有这一颗糖了。我的糖发完了,我看我们的谈话也该结束了。"王友怀揣着糖离开校长室,此刻他的心情是复杂的。

陶行知先生无愧于"万世师表"(宋庆龄题)的美誉,他因一起学生之间的冲突事件而对学生的闪光点进行了充分的挖掘,他的视角、他的理念值得大家学习和借鉴。

案例 2-14 乔奔的变化

班里叫乔奔的孩子是个出了名的调皮大王。为了这个孩子,韦老师费尽了心思:和他谈心的次数最多,批评他的次数最多,到他家家访的次数最多,把他的家长叫到幼儿园来的次数最多。韦老师把能用的招数都用尽了,但每次用的招儿,最多只能奏效三天。有一次,乔奔和小朋友闹矛盾,韦老师处

理他时,他先是歪着头和老师讲道理,后来竟和老师大吵起来。韦老师气得没有办法,只好向我求援。

我耐心听完韦老师的讲述后说:"从你的讲述中,我发现你说的都是这个孩子的缺点,你对他批评得多,表扬得少。"停了一下,我接着说:"我给你出个主意,以后你每天表扬他一次,看他会不会进步。"看到韦老师怀疑的样子,我又说:"不信,你试试看。"

韦老师抱着试试看的态度,开始尽量在乔奔身上找优点。哪怕他有一丁点儿进步,她都在班里大力表扬他,并且号召全班小朋友向他学习。这样过了一段时间后,乔奔犯错误的次数渐渐变少了,其他老师也都说乔奔有了进步。

实际经验告诉我们,任何一个孩子的心灵深处都有想做好孩子的愿望。教育的使命和教师的任务就是要呵护这种愿望,让孩子发现自己的优点,然后不断地进步。

(二) 改变不良的职业习惯

案例 2-15 教师职业病

骆之恬老先生讲过这样一个故事:20世纪80年代,我到日本东京访问,日本福音馆斋滕纯夫先生介绍说,他们的出版社不招当过教师的人做儿童读物的编辑,因为教师的职业习惯是训导儿童,动不动就拿出威严的架子,按照一成不变的模式,规定孩子只许这样做、不许那样做,不能启发儿童的智慧,反而压制了孩子鲜活的想象力和美妙的思维。我反驳说:"老师都是这样吗?"斋滕纯夫说:"八九不离十,这就是师道尊严吧。"

第二章 有效地激励孩子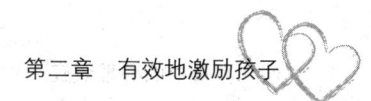

日本的斋滕纯夫先生对教师的职业习惯概括得很到位。在现实中，许多老师工作时间长了，往往会养成训斥孩子的习惯，对孩子要求苛刻。孩子极少从老师那里得到积极的鼓励。

案例 2-16 这几个字母写得多好看

西方的老师特别擅长发现儿童的优点。一位同胞刚出国时，因为语言问题，其女儿总是怯生生的，不愿与班里的小朋友交流。她告诉妈妈自己不想上学了。可她女儿的老师很快就使形势发生了变化。仅几周的时间，小家伙不仅变得活泼起来，而且非常喜欢到学校去上课。原来，她女儿喜欢画画，老师就把她的画贴到墙上，让小朋友们欣赏，还夸奖她是一个非常聪明的小姑娘。她女儿的英文写得十分糟糕，可那位老师挑出屈指可数的几个"漂亮"字母，鼓励她说："瞧，这几个字母写得多好看啊！如果你所有的字都能写成这样，那就更好啦！我相信你一定能做到。因为你是一个非常聪明的孩子。"老师的表扬和鼓励使她树立了自信心，学习也更加努力了。这个孩子还告诉妈妈，说老师认为她很聪明，她会比别的小朋友做得更好。

严厉的老师只看到孩子的"不足"，然后不断地告诉孩子"这不行，那不行"，最终导致孩子觉得自己真的什么都不行，害怕老师，甚至害怕上学。上述案例中的老师不断地肯定孩子的优点，然后告诉孩子："你这方面不错，那方面也不错。"然后孩子就有了自信心，变得喜欢老师，喜欢上学。所以教师一定要改掉自己不良的教育习惯，这样孩子才能看到希望，才能有成长的勇气。

案例 2-17 我没有优点

绘本活动"害羞的小哈利"开展到最后一个环节时，我问幼儿："小哈利虽然害羞，可他身上有许多优点，所以大家一定都很喜欢他。你们谁愿意来讲讲自己的优点呢？"雯雯最积极，第一个举手说："我会帮妈妈做事情！"宁宁也不甘示弱："我上课认真听讲。""我爱动脑筋！""我从不跟同伴们吵架。""我爱帮助别人！""我会关心爷爷奶奶！"……大家你一言我一语，说得十分热闹。这时，平时最调皮的成成举手了。我说："我们现在请成成来说说自己的优点吧！""老师，我没有优点，我有很多缺点！我贪吃、我很胖……"成成的回答引起全班哄堂大笑。

成成为什么会觉得自己没有优点呢？根本原因就在于老师平时只批评、指责成成，而从未表扬和肯定过成成。因此，我们可以说：幼儿园不需要严厉的老师，幼儿的健康成长需要老师善于发现的眼光，需要老师的不断激励。

（三）夸孩子努力，不夸孩子聪明

案例 2-18　德韦克的实验

斯坦福大学著名发展心理学家卡罗尔·德韦克在过去 10 年里和她的团队研究表扬对孩子的影响。他们对纽约 20 所学校的 400 名五年级学生做了研究，这项研究结果令学术界震惊。

在实验中，他们让孩子们独立完成一系列智力拼图任务。研究人员每次只从教室里叫出一个孩子，进行第一轮测试。测试题目是非常简单的智力拼图，几乎所有孩子都能出色地完成任务。完成测试后，研究人员会把分数告诉每个孩子，并附一句鼓励或表扬的话。研究人员随机地把孩子们分成两组，一组孩子得到的是一句关于智商的夸奖，即表扬，比如，"你在拼图方面很有天分，你很聪明。"另外一组孩子得到的是一句关于努力的夸奖，即鼓励，比如，"你刚才一定非常努力，所以表现得很出色。"

第二章 有效地激励孩子

为什么只给一句夸奖的话呢？对此，德韦克解释说："我们想看看孩子对表扬或鼓励有多敏感。我当时有一种直觉：一句夸奖的话足以看出效果。"

随后，孩子们参加第二轮测试，有两种不同难度的测试可选，他们可以自由选择参加哪一种测试。一种较难，但会在测试过程中学到新知识。另一种是和上一轮类似的简单测试。结果发现，那些在第一轮中被夸奖努力的孩子中有90%选择了难度较大的任务；而那些被表扬聪明的孩子则大部分选择了简单的任务。由此可见，自以为聪明的孩子不喜欢面对挑战。

为什么会这样呢？德韦克在研究报告中写道："当我们夸孩子聪明时，等于是在告诉他们，为了保持聪明，不要冒可能犯错的风险。"这也就是实验中"聪明"孩子的所作所为：为了保持看起来聪明，他们要躲避出丑的风险。

接下来又进行了第三轮测试。这一次，所有孩子都参加同一种测试。这次测试很难，是初一水平的考题。可想而知，孩子们都失败了。先前得到不同夸奖的孩子们对失败产生了差异巨大的反应。那些先前被夸奖努力的孩子认为失败是因为自己不够努力。

德韦克回忆说："这些孩子在测试中非常投入，并努力用各种方法来解决难题，好几个孩子都告诉我'这是我最喜欢的测验'。"而那些被表扬聪明的孩子认为，失败是因为他们不够聪明。他们在测试中一直很紧张，抓耳挠腮，做不出题就觉得很沮丧。

接着，他们让孩子们做了第四轮测试，这次的题目和第一轮的题目一样简单。那些被夸奖努力的孩子，在这次测试中的分数比第一次提高了大约30%。而那些被夸奖聪明的孩子，这次的得分和第一次相比却减少了大约20%。

德韦克一直怀疑，表扬对孩子不一定起好的作用，但这个实验结果还是大大出乎她的意料。她解释说："夸奖孩子努力用功，会给孩子一种自己可以掌控的感觉。孩子会认为，成功与否掌握在自己手中。反之，夸奖孩子聪明，

就等于告诉他们成功不在自己的掌控之中,他们面对失败时往往束手无策。"

在后来对孩子们的追踪访谈中,德韦克发现,那些认为天赋是成功的关键的孩子,会不自觉地看轻努力的重要性。这些孩子会这样推理——因为我很聪明,所以我不用那么用功。他们甚至认为努力很愚蠢,等于向大家承认自己不够聪明。

德韦克重复了很多次这项实验。她发现,无论孩子有怎样的家庭背景,都受不了被夸奖聪明后遭受挫折的失败感。男孩和女孩也一样,尤其是成绩好的女孩,遭受的打击更大,甚至学龄前儿童也一样,这样的表扬会害了他们。

这个实验告诉我们,孩子的成长需要不断地鼓励、不断地肯定,但是要注意夸奖的方式,要让孩子觉得一切都在自我控制之中。

(四)注意激励的艺术

并不是所有的激励都能奏效,不同的激励方式其效果也不同。为了提高激励的效果,我们应该注意激励的艺术,即要多看到孩子积极的一面,多肯定孩子积极的一面。

★一碗饭,孩子只吃完了一半。

(×)为什么吃那么慢?吃了半天还剩半碗没吃完!

(√)哇,真不错,吃完半碗饭!再努力,很快就吃完了。

★还有一个小朋友没有坐好。

(×)怎么搞的啊?我们班还有一个小朋友没有坐好!

(√)真不错!我们班这么多小朋友都坐好了!

★三项任务完成了两项。

（×）怎么搞的？你到现在才完成了两项任务！

（√）真不错！你已经完成两项任务了！加油，很快就全部完成了！

★孩子自我贬低："我真笨！""我什么都做不好！"

（×）你本来就笨。

（√）你认为你笨，我可不这么想。我觉得你有……优点。

（√）只要你……就……

★孩子在兴趣班画画，画得不怎么好。

（×）画得这么难看，那还不如不画。

（√）和刚开始学的时候比，现在画得好多了，比如……

★孩子入园后哭了一个小时左右。

（×）整天哭！老师不喜欢哭闹的孩子！

（√）比昨天少哭了一会儿，过来让老师抱抱！

合格的教师能不断发现孩子的优点，并且告诉孩子他哪方面表现得不错。

案例2-19 把孩子的作品贴在办公室

陈子立画画得不好，有很强的自卑感，总认为自己不如别的小朋友。有一天他鼓足勇气把自己的一幅画送给了林老师，林老师笑着说："谢谢你，你画得真好，老师一定把它贴在办公室里。"后来，陈子立趁林老师不注意，跑到老师的办公室里看，果真发现他的画就贴在林老师办公桌旁的墙上，他高

兴地笑了。从此，陈子立喜欢上了画画，而且画得越来越好。

激励孩子的方式有很多，教师应该做个有心人，努力成为不断给孩子鼓励、不断推动孩子向前发展的人。

第三章 有效的个性化教育

一、发现孩子的强项——瓦拉赫效应

二、让孩子学会自控——延迟满足

三、让孩子学会承担——尤人效应

四、让孩子远离绝望的境地——习得性无助

……

一、发现孩子的强项——瓦拉赫效应

案例 3-1　瓦拉赫成功的传奇

奥托·瓦拉赫是诺贝尔化学奖获得者,他的成才之路极富传奇色彩。瓦拉赫开始读中学时,父母为他选择的是走文学之路。一个学期下来,老师给他写了这样的评语:"瓦拉赫很用功,但过分拘泥。这样的人即使有着十分完善的品德,也决不可能在文学中发挥出来。"因此,瓦拉赫的父母只好尊重老师的意见,然后根据瓦拉赫的意愿,让他改学油画。可是没过多久,瓦拉赫在画画方面的劣势又显现了出来——他既不善于构图,也不会润色,对艺术的理解力也不强。他的画画成绩在班上是倒数第一,学校对他的评语——瓦拉赫在绘画方面是不可造就之才——更是令人难以接受,面对如此"笨拙"的孩子,大部分老师都认为他成才无望,只有化学老师认为他做事一丝不苟,具备做化学研究应有的素质,建议他改学化学。他的父母接受了化学老师的建议。这下,瓦拉赫的智慧火花被点燃了。文学艺术的"不可造就之才"一下子变成了公认的化学方面的"前程远大的高才生"。在班上,他的化学成绩遥遥领先……

瓦拉赫的成功给我们的教育启示是:

第一,每个孩子的智能发展都不是均衡的,每个人都有各自的强项和弱项。孩子一旦找到自己智能的最强项,使智能潜力得到充分的发挥,便可取得惊人的成绩。

第二,有的孩子被认为很"笨",可能仅仅是我们依据其弱项给其贴的标签而已。我们只看到他的弱项,而没有发现他的强项。如果哪一天我们发现了他的强项,那么,他就会变成这方面"前程远大的高才生"。因此,不要因为孩子在某一方面"不可造就",就全部否定其一生的发展。

第三,教育者要努力帮助孩子找到自己的最强项。受经验和能力限制,幼儿期的孩子不一定能了解自己的强项,因此,教师应运用教育智慧,细心观察,发现每个孩子的"与众不同"之处,重视孩子的个体差异,有的放矢地采取有效的策略,帮助每个孩子找到智能的最佳点,尽可能满足其发展需要,帮助其挖掘、开拓、发挥潜能。

道尔顿学校是美国一所已有近百年历史的名校,近20年来该校大多数学生被哈佛大学、密歇根大学、耶鲁大学等世界一流大学录取,这是为什么呢?因为这所学校的校长、教师从孩子一入学,就熟知他们智能的最佳点和兴趣,为每个孩子的成长发展设计好了思路,千方百计地支持孩子沿着这条道路走下去,最终这些孩子得到了最佳的发展,获得了极大的成功。

二、让孩子学会自控——延迟满足

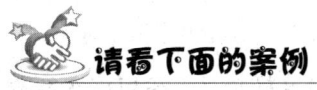 请看下面的案例

案例 3-2　棉花糖实验

美国心理学家瓦特·米歇尔于 20 世纪 60 年代做了一个棉花糖实验,实

验对象是美国斯坦福大学比恩幼儿园的孩子。在实验中，研究者把一些4岁的小朋友逐个带到房间里，拿一颗棉花糖给受测试的小朋友。受测者可以有两种选择：如果马上就吃，那么只能得到一颗棉花糖；如果等研究者离开20分钟后回来时再吃，那么便可以得到两颗棉花糖。有些小朋友不等研究员离开，就把棉花糖吃了；有些小朋友忍耐了一阵子便"投降"了；而有些小朋友则用尽各种方法，抗拒棉花糖对自己的诱惑，或是闭眼睡觉，或是哼歌，或是头枕双臂自言自语，或是玩游戏，在研究员回来时如愿以偿地得到了两颗棉花糖。

实验并没有到此结束。心理学家继续跟踪研究参加这项实验的孩子，一直到他们高中毕业。跟踪研究的结果显示：那些能等待并最后吃到两颗棉花糖的孩子，到青少年时期仍能等待机遇而不急于求成。他们具有一种为了更大、更远的目标而暂时牺牲眼前利益的能力，即自控能力。他们不仅在学习上有更佳的表现，而且在生活的各个方面都显示出优势——面对困境显示出更好的自控能力，并较少做出不成熟的举动；更能抵制各种不良诱惑（如毒品等）；社交能力更强；说话更流利且有条理；显得更自信；在30岁左右的时候，他们的体质指数也比等待时间短的孩子更胜一筹；他们的SAT（美国大学入学考试）分数比那些等待时间短的孩子高出了许多。而那些当年急不可待只吃了一颗棉花糖的孩子，在青少年时期表现得比较固执、虚荣或优柔寡断。当产生一种欲望时，通常无法控制自己，必须马上满足欲望，否则就无法静下心来继续做后面的事情，较易遭受挫折，不敢面对挑战。

瓦特·米歇尔在事后一次采访中，对这次实验这样描述：参与这次实验的孩子的生长环境是非常相似的，大部分孩子的家长是斯坦福大学的教师或者研究生。换句话说，他们的智商遗传、家庭收入、社会地位等都是非常接近的。

棉花糖实验在世界多个国家被重复做过,结果都很相似。以前人们一直认为智商是预测一个人是否会成功的最重要的因素,而棉花糖实验则表明:自控能力比智商能更好地预测一个人的成功。

因此,在对孩子进行教育的过程中,要注意对他们进行意志力,特别是自控能力的培养。而相关研究表明,现在的孩子,特别是独生子女,自制能力差是制约其心理健康发展和学业发展的一个十分重要的因素。现在许多家庭的条件都比较好,对孩子各方面都照顾得很周到,孩子的欲望——不管合理还是不合理,总能得到最大限度的满足。结果造成不少孩子的自控力越来越差,一点不如意的事情都不能忍耐,这不得不引起我们的警醒:没有自制力的孩子,他们将来能做什么呢?

那么,应该如何加强对孩子自控能力的培养呢?培养孩子自控能力可以从以下几个方面入手。

(一)为孩子树立良好的榜样

幼儿期的孩子喜欢并善于通过观察和模仿来学习,因此,为了培养孩子的自控能力,我们要为孩子树立良好的榜样。这些榜样可以来自幼儿的同伴,可以来自教育者,也可以来自文学、影视等艺术作品。

1. 以同伴为榜样

当发现孩子善于为了长远的、更大的利益而努力自控时,教育者应对其给予表扬和肯定——要让孩子明白被表扬、肯定的具体理由,让孩子为同伴树立良好的榜样。

强化理论告诉我们:孩子看到别人的自控行为受到强化时,他自己的自控行为倾向也会间接地受到强化。公开表扬孩子的自控行为,不仅对其有激励作用,而且对其他孩子也有激励作用。如告诉幼儿:"小伙伴决定今天不吃巧克力,因此他明天可以吃到两块。如果你非要今天吃巧克力,那么,等明

天小伙伴享用两块巧克力时,你就只有看着的份儿了。"几次之后,幼儿就会明白暂时克制欲望是为了以后更大的满足,会渐渐学会把眼光投向更远的未来,而不是仅仅看到眼前的利益。

2. 教育者要做自控的表率

想要培养孩子的自控力,教育者必须先善于控制自己,要为孩子做好表率。教育者在孩子面前不要放任自己,更不要随便发脾气;不要只顾玩手机,而不顾孩子;不要只顾玩网络游戏,而不做任何家务劳动。如果教育者的言传和身教相矛盾,那么就很难培养出具有良好自控能力的孩子。

另外一个有效的办法是,教育者和孩子一起商定,列出各种行为规则,贴在幼儿园或家中的醒目位置,孩子与教育者互相监督执行。一个严以律己、善于克制的教育者在向孩子提出自控要求时,会更具有权威性和说服力。例如,现在的孩子特别喜欢拿着家长的手机玩儿,我的女儿也不例外,只要一拿起手机就会废寝忘食。为了保护她的视力和不让她迷恋玩游戏,我卸载了手机里所有的游戏软件,并告诉女儿:"我不希望手机里再出现游戏,我们俩要互相监督,谁要是违反了就要受到惩罚。"现在已经半年过去了,我和女儿都做到了。有的时候不是孩子做不到,而是家长做得不够好,没给孩子做好表率。

3. 利用文学、影视等艺术作品中的良好形象影响孩子

文学艺术作品中的人物形象鲜明,因此,很容易成为幼儿模仿的对象。教育者可引用其中典型的自控人物,来引领幼儿的自控意识和能力的发展。例如,可以用"铁杵磨成针""卧薪尝胆"等小故事来激发孩子的兴趣,使其看到自我控制、坚持不懈的重要意义。日本动画片中的聪明的一休、铁臂阿童木等也是自控能力强的榜样,他们具有很强的感染性,可让孩子认识自我控制的各种技能,并以这些"榜样"为效仿的对象,严格要求自己;教育者还可以根据孩子的特点,自己创编一些贴近孩子生活的小故事,引导孩子体验

和学习作品中的人物，严格要求自己，提高其自我控制能力。

（二）教会孩子各种延迟满足的策略

研究表明，延迟满足策略，尤其是使用较为高级的策略能有效地延长延迟满足时间，帮助孩子完成延迟满足的任务。因此，教育者应在日常生活、游戏、教学活动中，有意识地设置延迟满足的情境，并为孩子做出示范，为他们发展和运用各种延迟满足的策略提供机会，这对增强孩子的自我控制力具有积极的作用。可教给孩子延迟满足的技巧有：通过唱歌、闭上眼睛、做游戏或做其他事情来转移注意力；自我劝说；离开诱导情境及诱导物或把这些东西想象为不能吃、不能用的东西（如把香喷喷的面包想象为棉花、云彩等）；想象得到满足后的兴奋与自豪；反复告诉自己"我的选择是正确的，不要改变"来自我强化等。

另外，还可以通过讨论让孩子学会"三思而后行"。与教育者相比，幼儿行为的典型特点就是冲动性强，其行为多带有情绪色彩。在行动前他们常常不假思索，很少考虑行为的后果。如有些孩子在集体教学活动中经常说话、做小动作，这时候教师可以及时引导大家讨论这样做的后果，启发孩子认识到在教学活动中乱讲话，不仅自己听不到老师和小伙伴讲的内容，而且会影响周围其他小伙伴的听讲。这样一来，他就会有意识地控制自己的言行，专心听讲。帮助孩子预期其行为的后果——"这样做会发生什么后果呢？""有人会受到伤害吗？""我会惹出麻烦吗？"让孩子养成"想一想、再去做"的习惯，其自我控制能力就会大大增强。

（三）适当地表扬奖励

心理学研究表明，当孩子遇到延迟满足的挫折时（无论是成人要求的，还是幼儿自主选择的），如果教育者能够为他们提供情感的温暖与鼓励，那么

他们就会感到安全,获得积极的情绪,从精神上增强战胜延迟满足挫折的意志力与信心。一次自我延迟满足后,孩子如果得到教育者的赞扬与关怀,那么就会促进他对其他满足的自主延迟。经常如此,孩子便会养成良好的自我控制习惯。

表扬、奖励会增强孩子做事的信心,但表扬、奖励也是有技巧的。比如,可以用贴贴纸或红星的方法,奖励孩子的每一点进步。奖励积累到一定程度,就给他一个最想要的东西。习惯在期待中获得满足的孩子才能学会主动控制自己的情绪和行为,将来也才能抵挡住眼前的诱惑,实现更长远、更有价值的目标。

(四)在游戏中培养孩子的自控力

游戏是孩子生活的主要组成部分,也是培养孩子自我控制能力的主要方式。孩子通常都喜欢做游戏,游戏能最大程度地满足他们对于快乐的体验,且游戏一般都会设定规则,孩子须遵守规则,这也是对孩子自控能力的一种锻炼。教育者可以把游戏和孩子自控能力的培养有机结合起来,让孩子在游戏中学习行为规范和行为准则,学习建立和维护秩序,学习轮流、等待、合作等社会技能,提高自我控制能力,促进自我控制能力的发展。教育者可以通过让孩子玩串珠、穿板、棋类,以及"我们都是木头人""老狼老狼几点钟""小猫钓鱼""捉迷藏""冰老人"等游戏,训练幼儿遵守规则、抵抗诱惑和抗干扰的能力。

前苏联著名儿童心理学家维果斯基曾说:"游戏持续地向儿童提出活动时要克服即时冲动的要求。"孩子在游戏中要扮演各种假想的社会角色、遵守角色或游戏的规则、分享喜欢的玩具、在交流的过程中要等待说话的时机,这其中有很多延迟自我满足的机会。孩子在游戏活动中对满足的延迟完全是自主的,这远比满足即时冲动给他们带来的快乐要多。因此,教育者既可以鼓

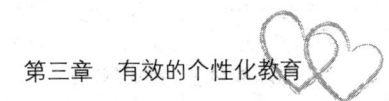

第三章 有效的个性化教育

励孩子自己玩假想游戏,例如"过家家"等,也可以让孩子参与群体的社会性游戏,例如"小小医院""小小银行"等。任何具有规则性的个体或社会性游戏都可以促进孩子延迟自我满足能力的发展。

(五)建立有效的抚养方式

研究表明,抚养方式的不同对孩子自控能力的形成和发展有着重大的影响。权威民主型教育比冷漠、专断型教育培养出来的孩子具有更高水平的自控能力,而纵容型教育比冷漠、专断型教育培养出来的孩子自控能力的水平更低。另一项研究也表明,自主教育更有利于孩子自控能力的发展。可见,提高孩子的自控能力,父母要转变家庭教养观念,在家庭生活中树立适当的权威,既不能对孩子放任自流,又不能对孩子管教过严,要适当地给予自主权——对孩子的要求既明确又严格,让孩子知道自己该做什么、不该做什么、可以做什么、不可以做什么。比如,对于可供选择的活动,可以问孩子"你想吃水果还是吃面包?""你想画画还是想玩积木?""今天你愿意帮妈妈准备餐具吗?"等类似问题,并且教育者必须做好接受孩子决定的准备。对于孩子必须要做的事情,就不必让孩子选择,如天气比较冷,带孩子去户外活动时,教育者最好不要问:"你愿意穿上外套吗?"而应该说:"今天天气冷,你要想到户外去玩,就得穿上外套。"当然,孩子做出决定后让其体验后果也是很重要的。一旦孩子做出决定,就依从他的决定,这会教会幼儿做出负责任的选择。当孩子决定不吃点心时,就不必在拿来点心后,仍劝他改变主意;当孩子在天气冷时不穿外套就出去时,那么,就尊重他的选择。

幼儿园作为专业教育机构,应加强对父母尤其是母亲教养方式的研究和干预工作,以便给孩子提供一个健康、积极的身心发展环境,使得幼儿期孩子的自控能力能顺利进行,并为以后各阶段的社会化发展奠定良好的基础。

（六）不要溺爱孩子

溺爱，只能让孩子变得任性、自私、意志薄弱、不善于克制自己。在这方面，成人的态度要统一，对孩子的要求要前后一致，该坚持的就要坚持，不论孩子如何哭闹，都不要迁就其不合理的要求。同时，应帮助孩子进行行为识别，让其知道有些事能做，有些事不能做；有些行为对自己有利，对别人有害；有些行为对自己可能有害，但对别人有好处；在一定的场合有些话可以说，但换了地方有些话就不能说。通过对生活中一些可感知的事例进行简单的判断和分析，促进其对美、丑、善、恶的认识。然后，再不断地进行"知其所以然"的启迪，让孩子知道为何要这样做而不那样做。接受这种教育时间久了，孩子心中的道德"天平"就会逐渐形成。他们也就不会由着自己的性子去做事，在行动之前会有所考虑，有所节制。

（七）在生活中训练孩子的自控力

日常生活中有许多训练孩子自控力的好时机。有的家长这样做：当孩子想买一样东西时，家长有意识地往后推一周才满足他的要求，培养孩子的自控力。还有一位母亲做得更加细致，带孩子逛街的时候，孩子提出想买冰激凌吃的要求。母亲并没有轻易满足这个合理的要求，而是建议走到下一个街口再买。因为对于一个幼小的孩子来说，能克制自己想吃冰激凌的欲望走完这一段路，就是一种很好的自制力的锻炼。

孩子良好的自制力不可能一下子就形成，因此，家长千万不要操之过急。在培养孩子自制力的过程中，要根据孩子的水平提出不同的要求，务必循序渐进，同时，还要教会孩子一些等待的方法，如通过游戏或其他有趣的活动来打发等待过程中难熬的时光。另外，对孩子的进步要及时地表扬和肯定。

家长还可以利用零花钱来训练孩子的自控力。比如问孩子想在本星期得到 5 元零花钱，还是想在下星期得到 10 元零花钱。经过一段时间的训练，等孩子延迟满足的能力有了提高后，家长就可以提出进一步的要求。如家长可以每个星期给幼儿 5 元零花钱，并要求他把钱存到存钱罐里。如果幼儿一直没有花存钱罐里的钱，那么家长就坚持每个星期给幼儿 5 元零花钱；如果他花了存钱罐里的钱，那么家长就停止发放下星期的零花钱。这样可以有计划、有步骤地提高孩子延迟满足的能力。

总之，孩子的自控力是在我们的言传身教中、在孩子参与的相关活动中逐渐形成的。我们在对孩子进行言传身教的同时，还要注意创造机会，让孩子的自控力得到锻炼和发展。善于自制，将会使孩子终生受益！

三、让孩子学会承担——尤人效应

在成败归因的心理研究中，人们常常把自己的失败归咎于他人或环境的影响，这称为尤人效应。

案例 3-3　日本的一项心理学测试

日本早稻田大学的心理学家做过一项 1000 人的测试，测试过程要询问每人三件不愉快的事是由什么原因造成的，结果有 991 人认为是由他人造成的。

现实生活中，尤人者还真不少。具体来说，尤人效应产生的原因有：

一是尤人者出于自我保护。在遇到失败或犯错误时，人们就会不自觉地推脱责任，而把错误归咎于他人，使自己处于更加有利的地位。

二是尤人者的投射心理。尤人者总喜欢把自己的失当行为或内心不良的

动机和思想观念转移到他人身上,硬说他人有这种不良动机与行为,以此来减轻自己的内疚感与焦虑感,逃避责任。

三是尤人者的掩饰性责备。尤人者为了从自己的错误行为中解脱出来,而故意编造一些听着可信实则为谎言的责备他人的理由,如"从来没有人教过我要这样做"。言下之意,"我现在这样做是在常理之中,如果不是,那也不是我的错,是你们没有教我造成的"。尤人者常会运用这种掩饰的理由为自己辨解,以逃避责任。这实际上也是一种自我防卫的保护机制。

四是尤人者的否认性责备。尤人者为了保护自己,常会故意否认自己行为的过错。如当自己出现失误时,就会说"这不是我干的"或"这不是我的错"。这里有两层责备他人的含义,其一"这不是我的错,你们还要来说我";其二"你们已在责备我,我不说你们已经很好了"。这种否认性责备不但不会使其改正错误,而且还会弄僵人际关系。

"尤人"不是应对自己所犯错误或失败的有效办法,并且"尤人"是一种不良的品质,它会僵化人际关系,阻碍孩子的健康成长。教育者应该努力帮助孩子从"尤人"倾向中走出来,让其学会承担,学会为自己做错的事情负责。

(一)让孩子明确责任

孩子之所以没有责任感,其根本原因在于教育者没有让孩子明确自己的责任,没有对他进行责任感的训练。

教育者要让孩子明确:在幼儿园哪些事情是由老师来做的,哪些事情是老师帮助完成的,哪些事情必须自己做——该孩子做的就让他自己做,教育者绝不包办。这样,孩子就会逐渐养成自己的事情自己做的习惯。在这方面,家园要求一定要同步。如出门的时候给孩子背一个小背包,让他背一点自己的东西;吃饭的时候,让孩子自己吃,不要追着喂;第二天早上上幼儿园该带的物品，让孩子晚上提前准备好，等等。

如果孩子没有尽到责任，那么就让他承担相应的后果。如该吃饭时不好好吃饭，结果下午饿了向老师索要食物——教育者不仅不应该给他食物，而且要告诉他，现在挨饿是因为中午没有好好吃饭，希望他明天能好好吃饭。又如，本该带水彩笔去幼儿园，但孩子前一天晚上忘记将水彩笔放进书包了，导致美术活动时没有水彩笔用，于是打电话让爸爸妈妈送来。这时，爸爸妈妈应该坚决不送，老师也不要借其他小朋友的笔给他用。如此一来，孩子今后就会认认真真地准备第二天的学习用具。

案例 3-4　体验后果

活动之前，老师引导幼儿先去小便，班里有一个孩子不愿意去小便。在户外活动中，这个孩子又想去小便了。老师带着他到处找洗手间，花了很长时间。孩子上完厕所，老师问他："你刚才感觉怎么样？"孩子说："可着急，可难受了。"老师接着问："以后户外活动前你会怎么做？"孩子立刻回答："我要先小便。"

在上面这则案例中，老师采用了非指导教学的方法，引导孩子自我体验、自我发现。为了让孩子学会对自己的行为负责，当孩子的行为给别人造成伤害的时候，应要求孩子承担相应的责任。比如，孩子损坏了小朋友的图书、玩具，要让孩子自己想办法赔偿或用零用钱购置新的图画书、玩具归还别人等。这样不仅能使孩子掌握一定的行为准则，而且其责任感也会得到增强。

（二）教会孩子客观地看待问题

问题发生后，教育者可以和孩子一起分析原因。要引导孩子多从自己身上找原因，而不是将责任推卸给别人或其他客观因素。如有的孩子不小心被

木条绊倒,就会恶狠狠地将木条踢出好远以解心头之恨。这时教育者应该告诉孩子:"不是'木条碍事',而是你自己不小心摔倒的。"当孩子一个劲儿地责怪别人的时候,教育者要引导孩子反思自己是否也有错。如果有错,那么就要努力改正并承担相应的责任。

(三)让孩子学会解决问题

尤人者身上普遍存在的一个问题是,把更多精力放在说明问题、解释为什么失败上,却没有主动地承担责任,弥补错误。在孩子做错事后,让孩子反思下一次遇到类似问题时应该怎么做,结果会更好。犯错误不要紧,重要的是要从中吸取教训。具有这样积极的心态,孩子怨天尤人的意向和行为就会减少,甚至消失。

(四)让孩子有自主选择的机会

孩子有自主选择权,才能对自己的行为负责。如果一切都是被安排好的,那么,他就很难为此负责。在平常的保教活动中,我们要尽可能多给孩子一些自主选择权,同时,让他们对自己的选择负责。比如,孩子吃饱了,就不要再强迫他吃了;孩子实在不想吃,就不要强迫他吃;发现孩子不想吃时,可以问孩子:"你还需要吗?"不要对孩子说:"你必须吃完……"只需要告诉他:"现在是吃午饭时间,放学前是没有东西吃的。"让孩子自己决定吃或者不吃以及吃多少。

案例 3-5　理查德选择爬着回教室

现在,小朋友们应该从操场上回教室了。可是 4 岁的理查德还是站在离教室门最远的地方,一副坚持自己立场的样子。曾有几次,只有老师专门去邀请他,他才会加入其他小朋友的活动中。有时,我干脆就不理他,假装没发现他没和我们在一起,而他最后还是会自己跑过来。然而,这次,我还是得走过这段长长的距离——穿过操场——亲自去叫他进教室。

我走到他跟前对他说:"现在该回教室了。"他冲我笑了笑,回答说:"不。"为了说服他,我说尽了一切好话,可惜都不管用。当时我别无选择,只能回教室了。为了给理查德留面子,我还是耐着性子对他说:"要么我像抱着小婴儿那样把你抱回教室,要么你像个大男生一样自己走进去。"这已经是我能想到的最后一招了。可是令我失望的是,他的回答仍然是"不"。

庆幸的是,后来理查德提出了自己的解决办法。他不愿意像我最初要求的那样走回去,而要自己爬回去。虽然这样的方式很慢,也很不舒服,但是既然我的目的就是要他回教室,难道还在乎他以什么方式回去吗?于是,我答应了他的要求,准备离开。他真的双腿跪地,一点一点地爬。可怜的小家伙——铺了沥青的操场表面很粗糙,他那样爬肯定相当难受。每隔一会儿我就会听到他在地面上小跑时发出的声音。可是只要我一转过身去看,他又回到原来爬行的姿态。出于对他的爱怜,我不再转身去看,只希望他能跑完大多数路,反正我已经达到了目的——要他回教室。而他,除了膝盖很痛,也为自己能想出解决问题的办法而感到自豪。

当孩子和我们争夺主动权时,一定要记住自己真正想要达到的目的是什么。有时候,只要他们提出的要求合理,又能达到我们原来的目的,那不妨试着给他们一定的自主选择权,不妨变通一下接受他们的提议。这不仅有利于培养他们的自主性,也有利于培养他们的责任感。

(五) 教育者要做孩子的榜样

为了让孩子学会承担,学会遇到问题不怨天尤人,教育者一定要为孩子树立良好的榜样。如平时遇到问题不怨天尤人,而是努力想办法解决;如果

真是自己的责任,那么教师应该勇敢地说"都是我的错,我将努力……"相信受到教育者言传身教的影响,孩子也会成为不怨天不尤人、勇于承担责任、积极向上的孩子。

四、让孩子远离绝望的境地——习得性无助

习得性无助指因为重复的失败或惩罚而造成的听任摆布的行为,它是通过学习形成的一种对现实的无望和无可奈何的行为和心理状态。习得性无助这个概念来源于美国心理学家塞利格曼和梅尔于1967年用狗做的一项经典实验。塞利格曼和梅尔用A、B两组狗做实验,展示了习得性无助形成的过程。

案例3-6 习得性无助的实验

A组实验:

把A组的狗放进F笼子里,然后锁住笼门,让狗无法轻易从笼子里逃出来。而F笼子里装有电击装置,通过这一装置给狗施加电击。电击的强度刚好能够引起狗的痛苦,但不会使狗毙命或受伤。

研究者发现,开始时狗拼命挣扎,想逃脱笼子,但经过再三努力,发觉仍然无法逃脱后,狗便逐渐停止挣扎,并卧倒在地,无奈地忍受痛苦。

随后,把受过电击的A组狗放进G笼子里。G笼子由两部分构成,中间用隔板隔开,隔板的高度是狗可以轻易跳过去的。隔板的一边有电击,另一边没有电击。研究者发现,这组曾受过电击的狗除了会惊恐一阵子之外,此后一直卧倒在地,绝望地忍受着电击的痛苦。面对轻易便可逃脱的环境,它们竟然不去尝试有无逃脱的可能。

B组实验：

把没有受过电击的B组狗直接放进G笼子里。研究者发现B组狗全部能逃脱电击的痛苦，轻而易举地从有电击的一边跳到没有电击的一边。

塞利格曼把上述实验中狗的绝望心理称为习得性无助。习得性无助不仅会发生在动物身上，而且同样会发生在人身上。塞利格曼认为，人对控制能力的知觉，是从自己已有的经验中习得的。一个人试图控制特定事件的努力遭到多次失败后，如果把失败的原因归结为自身不可改变的因素，那么就会停止这种尝试，并进入习得性无助状态——感到无能为力，变得无助和绝望。同时，人在一个情境中形成的习得性无助还会迁移到其他情境中。

在幼儿园保教活动中，我们经常可以发现，那些长期在班上处于"落后"水平的孩子很容易产生习得性无助，并把这种习得性无助迁移到其他活动中。比如，一个孩子的体操老是学不好，他可能会把对学习体操的无助感迁移到学习舞蹈、数学中。他对许多领域学习的信心都会降低，进而导致学业成绩下降。

（一）具有习得性无助感的表现

如果一个孩子具有习得性无助感，那么，就会出现以下心理特征。

1. **低成就动机**

他们往往不能给自己确立恰当的目标，学习时漫不经心，消极被动，遇到困难时往往自暴自弃；在他们的心目中，对于失败的恐惧远远大于对于成功的希望，因而他们不再指望自己获得成功。

2. **低自我概念**

他们自我意识消极、不健康，陷入自卑、自我失控之中，对学习毫无信

心，与他人相处时自卑多疑，认为自己不受欢迎，这使得他们与同伴的关系日渐疏远。

3. 低自我效能感

他们对自己完成学习任务的能力持怀疑态度，因而倾向于制订较低水平的学习目标，以避免获得失败的体验；他们遇到挫折时往往没有自信心，没有努力便自动放弃；他们经常体验到强烈的焦虑，这使得他们的身心健康受到损害。

4. 消极定式

他们先前的学习、生活经验往往是失败的，又得到老师和同伴的消极评价，逐渐认为自己永远是失败者，无论怎样努力也无济于事，而且固执己见，不能听取别人的意见和建议，并以消极的方式重复不变地对待学习、生活问题。

5. 情绪失调

他们在情绪上表现为烦躁、冷淡、绝望、颓丧、害怕、退缩，时常陷入消极状态，情感上心灰意懒、自暴自弃，害怕上幼儿园并由此产生焦虑。

（二）引发习得性无助感的原因

习得性无助是一种复杂的心理现象。造成孩子习得性无助的原因十分复杂，它是多种因素共同作用的结果。

1. 社会因素

比如，来自教育者和同伴的消极评价。当孩子发现自己因不能顺利完成某项工作或学习任务，而屡遭教育者或同伴的批评和嘲笑时，便会产生焦虑的情绪，对相关的工作和学习产生恐惧心理，进而相信自己的确缺少获得成功的能力，不愿再为完成任务付出努力。久而久之，就会形成习得性无助感，最终放弃学习。另外，如果教育者对孩子总是提出过高的期望和要求，孩子无论如何努力都达不到教育者的要求，最终只能绝望地放弃学习和工作。

2. 自身因素

比如，不当归因就是孩子产生习得性无助感的一个重要因素。如果孩子长期经历失败而又找不到扭转局面的策略，那么他们就会把失败归因为无能或低智力等因素，而不是客观分析完成任务的难易程度，以及个体能够驾驭的因素。即使偶尔获得成功也会被他们认为是运气好、任务容易等不稳定的外部因素导致的结果，这些不当的归因最终使孩子产生强烈的习得性无助感。

（三）让孩子远离绝望的境地

习得性无助感对孩子的健康成长不利，教育者应该努力使孩子摆脱习得性无助感。

1. 支持和鼓励孩子

教育者的鼓励和支持是防止孩子产生习得性无助感的有力的手段。一般来说，幼儿园的孩子还没有形成客观、完善的自我意识，他人的评价，特别是重要他人的评价，如老师、父母的评价，将会直接影响孩子的自我评价。老师在孩子心目中的地位是至高无上的，老师对孩子的看法和评价会极大地影响孩子的自我认识。即使学习比较差的孩子，当教师真诚地关心他、重视他、肯定他、鼓励他时，孩子也能对自己充满信心，对学习和生活产生控制感而不是无助感。

教师要消除对"差生"的歧视和偏见，要以爱护和尊重孩子为根本出发点，特别是对那些性格内向、缺乏自信心的孩子，要多鼓励，要善于发现他们的优点、长处和进步，并以此为契机帮助他们树立自信心，从而使孩子有信心跳出"隔板"以躲避"电击"。

案例 3-7 我不会

在手工活动中，小朋友们正在专心致志地剪、折、贴，制作粉红兔。只见轩轩小朋友坐在座位上一动不动，用乞求的眼神看着来回走动的丁老师。丁老师问："轩轩，你为什么不做啊？"他无助地说："我不会。"

案例 3-8 我不懂得穿

午睡结束后，小朋友们都坐在椅子上穿衣服，只有欣欣拿着衣服坐在椅子上抹眼泪。罗老师走过去问："欣欣，你为什么不穿衣服呀？"她无助地说："老师你帮我穿，我不会。"

上述案例中的轩轩和欣欣面对学习和生活中的困难，不去探索，不去尝试解决，而是停止活动，主要原因就是他们平时在独立做事方面，极少得到教育者的支持和鼓励——教育者对他们过分溺爱，包办代替。过多的照顾和帮助实际上剥夺了孩子锻炼的机会，最终导致孩子一遇到困难就退缩，只是向他人求助或等待，没有独立解决问题的勇气和能力，遭遇失败后无助感便会越来越强。

因此，教育者平时要善于放手、敢于放手，有意识地创造条件，让孩子有独立面对困境的机会，然后鼓励他们自己动手、动脑去解决问题。孩子做错了，教育者不要大声呵斥，而应多些鼓励，如对孩子说："你不是故意的，再来一次！""不要紧，你一定行！""老师相信你一定能做好！""你比上次有了很大进步，加油！"帮助孩子建立自信心，努力战胜失败，获得成功。

另外，如果孩子做事失败了，那么教育者一方面应关注孩子的心理变化，在情感上给予及时的安慰和劝导；另一方面应帮助孩子积极地寻找解决问题的方法，使之从无助感中走出来。

2. 看到孩子的点滴进步

能力总会有高低,如果仅仅以比别人优秀才有机会获得表扬和肯定,那么,就可能导致部分孩子永远没有机会获得教育者的表扬和肯定。教育者不仅应该自己看到,还要引导孩子看到自己的进步,同时不断地肯定和鼓励孩子的进步,让孩子从中获得成就感和自豪感,进而获得不断进步的信心。

案例 3-9 光荣榜

让每个孩子都把自己做得好的和做得不够好的事情说出来,由爸爸妈妈代写在信笺上,老师收齐后贴在教室的"瞧,我真棒"的栏目里。孩子每改掉一条缺点或增加一条优点,老师就在这一条后面贴上一个红五星。每周五下午进行周评,谁得到的红星最多,就奖给他一样小礼物。孩子们积极性很高,每天都会督促自己改掉坏习惯,学习别人的优点,争取得到红五星。家长也非常支持这项工作。

上述案例中让孩子看到自己进步的做法值得赞赏,因为进步是自己跟自己比,不断追求进步成了孩子的内在动力。孩子可能并不一定比别人好,但他在不断进步中同样可以获得成就感和自信心。不过,如果在每周五下午进行周评时,不是"谁的红星最多,就奖给他一件小礼物",而是只要孩子有进步就会得到老师的表扬,那么更有利于激励所有孩子不断进步。

总之,教育者要善于发现孩子的点滴进步,并及时给予表扬和鼓励。一些孩子由于先天等因素的影响,可能没有别人优秀,但只要他每天都在进步,每天都在努力,就应该得到表扬和肯定。让孩子看到自己努力的成果,并逐渐对自己产生信心。

3. 提高孩子忍受挫折的能力

心理学家韦斯曾做过这样的实验:他在实验中将白鼠捆在桌子上,并持

续数小时频频施以电击。他发现如果这种电击是任意、偶然发生的，大多数白鼠很快就会患上严重的溃疡；如果电击前有警告音响为信号，那么白鼠就较少出现溃疡；如果不仅发出电击警告信号，而且白鼠也能学会以某种简单反应来逃避电击，那么溃疡最少出现。由此可见，如果有机体事先有心理准备或者有办法对付挫折或失败，那么就能够防止习得性无助的产生。

在保教工作中，教育者要让孩子明白，在学习、生活、工作中遭受挫折和困难是很平常的事情，要对在学习、生活、工作中可能遭受的挫折有充分的心理准备。此外，教育者要耐心地辅导孩子学会一些学习、生活、工作的方法、技巧和策略，培养孩子应对各种困难的能力。这样，在面对挫折时，孩子们就不会因为毫无准备和无力应对而感到失去控制，甚至产生习得性无助感。

平时还要重视培养孩子良好的意志品质，让他们在挫折面前能永不言败、永不服输，让他们认识到失败是学习和积累经验、磨炼意志的机会，是助跳的踏板。这样的孩子能够克服内心的懦弱和恐惧，愈挫愈勇，凭着过人的意志和顽强的信念战胜各种挫折，最终走向成功。

4. 归因训练

心理学家通过研究发现，人们都有一种对自己或别人的行为的产生原因做出推论的倾向，即归因。美国心理学家韦纳的研究证明：如果把成功或失败归于外部原因，如任务的难易，就容易产生被动、消极、依赖、侥幸等心理；如果把成功或失败归于不可控的因素，如个人能力，就容易产生听天由命、不负责任的心理，有时甚至产生绝望感；如果把成功或失败归于某些稳定的因素，那么就容易产生思想上的僵化、盲目乐观或悲观。

具有习得性无助感的孩子的归因方式属于第二种，即内部稳定的不可控因素——能力。在他们看来，他们所面对的挫折是个人无法控制的，任何努力也改变不了，是自己缺乏能力所致。心理学研究证明，将失败归于这个因素是极其有害的，它将降低对成功的期望，丧失学习进取的动机，悲观失望，自暴自弃。

因此，应引导孩子们"努力归因"，即无论成功或失败，都把它归因于自己是否努力与否，而不是自己缺乏能力的结果。这样不但可以增强孩子学习进取的积极性，而且当孩子在学习生活中遇到困难和挫折时，也不会由于一时的失败而降低对未来获得成功的期望。

5. 让孩子多体验成功

经历的失败太多，体验到的成功太少，这是习得性无助感产生的直接原因。要防止习得性无助感的产生，就得从源头抓起，多为孩子创造获得成功的机会。

（1）*对孩子的要求要与其能力相匹配*

对孩子提出的要求要与其能力相匹配，而不要超越其"最近发展区"，否则，孩子体验到的总是失败，就会产生习得性无助感。孩子在成人的高标准要求下，经常做着力所不及的事情，他们屡战屡败之后，就会产生"我是一个笨孩子！""我一点能耐都没有！""我什么都不行。""我不是这块料！""我是世界上最没用的人！""我很笨，我做什么都做不好！"等的消极看法，他们会放弃一切努力并陷入绝望的境地。

为了让每个孩子都能体验到成功的喜悦，对能力水平不同的孩子的要求应该是不同的。有经验的老师常常采取这样一些方法：对某些孩子，特别是成绩差一点的孩子，降低成功的标准，在其取得成功时，及时给予鼓励；尽力发掘孩子的长处，给孩子充分展现自己的机会；把抽象的、困难的目标分解成具体的、简单的目标，使孩子在完成任务的过程中，能不断看到自己的进步，获得更多的成功体验。

比如，在画画课上，要求孩子画一棵大树，能力较强的孩子画完大树后，可以根据自己的想象添画其他事物；而对于能力较弱的孩子来说，画出大树就

可以了。这样,他们都有表现自己的机会,都能感受到成功的喜悦。

(2) *在班级中形成相互欣赏的心理氛围*

每个孩子的心灵深处都有做好孩子的愿望。幼儿教育的使命和教师的任务就是呵护这种愿望,让孩子拥有良好的心态,学会自信,学会欣赏自己,赶走内心的自卑。为此,教师不仅要善于发现孩子的优点,并且不断告诉孩子"你……真不错",而且还可以通过每周"夸一夸"的活动,采用"教师夸""同伴夸""自己夸"的形式,对孩子进行积极的评价。这种积极评价会给孩子带来成就感,并且会不断激励孩子进步。

比如有个男孩各方面能力都比较弱,遇事总爱说"我不行""我不会"。有一天,老师发现他画了许多汽车,还说出一大串汽车品牌名。在该周的"夸一夸"活动中,老师故意给大家出难题:看谁说出的汽车品牌多。结果,这个男孩一口气说出了十多种,别人最多只说出三四种。在同伴"你真棒"的夸奖声中,他露出了自信的微笑。

(3) *发现和培养孩子的特长,并为其提供适宜的展示机会*

如果孩子在某方面,如舞蹈、唱歌、讲故事、书法、绘画、下棋、折纸等有特长,那么就让其在小朋友们面前展示一下,这样可以增强孩子的自信心,让孩子获得成就感。

教师平时要善于发现每个孩子的特长,对于那些没有特长的孩子,教师还可根据其天赋给予适当的训练,让其形成一定的特长,以便能在其他小朋友面前表现一下,获得自信心和成就感。

另外,对于那些没有特长的孩子,我们还可以采取"提前教"的方式,让其先学会某种技能,然后让其当全班小朋友的"老师",这同样可以让其获得成就感和自豪感。

6. 表扬为主,批评为辅

表扬奖励和批评惩罚都是孩子健康成长所必需的。如果说表扬奖励是孩子健康成长的主要营养素的话，那么批评惩罚就是孩子健康成长的维生素。表扬奖励可以让孩子知道自己的强项，知道自己每天的进步，对树立孩子的自信心和正确的价值观有独特的作用；批评惩罚不仅能让孩子知道哪些行为是不好的，而且有利于培养孩子的心理承受能力、抗挫折能力。如果只有表扬奖励，没有批评惩罚，那么孩子将会变得狂妄自大，缺乏抗挫折能力；如果只有批评惩罚，没有表扬奖励，那么孩子将会变得极度自卑，对自己毫无信心，进而形成习得性无助感。心理学研究表明，为了更好地促进孩子的健康发展，表扬奖励与批评惩罚的比例最好控制在 7:1。

7. 帮助孩子及时抽走挡在心里的玻璃

案例 3-10　被活活饿死的梭子鱼

科学家做过这样一个实验：把一条梭子鱼放进一个有许多小鱼的水池里。任何时候梭子鱼只要饿了，张张嘴就把小鱼吞进去了。过了一段时间，科学家用一个玻璃瓶罩住了梭子鱼。开始时，小鱼在瓶子外面游来游去，梭子鱼就迎上去，但每次都撞在了瓶壁上。慢慢地，梭子鱼的冲撞越来越少。最后，它完全绝望了，放弃了捕食小鱼的所有努力。这时，科学家取走了罩住它的瓶子，备受打击的梭子鱼沉到了池底，一动也不动了。不管有多少小鱼在它的身边游来游去，它都不会再张嘴。最后，这条可怜的梭子鱼被活活饿死了。

梭子鱼不能在抽走玻璃瓶罩之后正常地进行捕食，是因为它们的心被牢固的"玻璃瓶罩"罩住了。有习得性无助感的孩子，往往也在心里无意识地竖起了通向成功的"玻璃瓶罩"。因此，教育者要善于观察、分析造成孩子产生习得性无助感的内在原因，帮助孩子及时调整心态，抽掉心中的那个"玻璃瓶罩"，以便其重新步入正常的成长轨道。

幼儿教育中的心理效应

五、让孩子学会宽容——海格力斯效应

海格力斯效应源于古希腊的一则神话故事：

希腊神话故事中有位大力士叫海格力斯。一天，他走在坎坷不平的路上，看见脚边有个像鼓起的袋子样的东西，海格力斯便踩了那个东西一脚。谁知那个东西不但没被海格力斯踩破，反而膨胀起来，并成倍地变大。这激怒了英雄海格力斯。海格力斯顺手操起一根碗口粗的木棒砸向那个怪东西，好家伙，那东西竟膨胀到把路都堵死了。

海格力斯奈何不了它，正在纳闷，一位圣者走到海格力斯面前对他说："朋友，快别动它了，忘了它，离开它吧。它叫仇恨袋，你若不惹它，它便会小如当初；你若侵犯它，它就会膨胀起来，与你敌对到底。"仇恨正如海格力斯遇到的这个袋子，开始很小，如果你忽略它，矛盾自然就会消失；如果你与它过不去，矛盾就会越来越大。

海格力斯效应反映了人际互动的关系，它是一种人与人之间或群体之间存在的冤冤相报、致使仇恨越来越深的社会心理效应。海格力斯效应给我们的启示是：在人际交往中，报复者和被报复者都不是真正的胜利者。在幼儿园保教工作中，应该让孩子们学会宽容，学会双赢。

（一）引导家长不要教孩子"以牙还牙"

某幼儿园小班的老师问过本班35个孩子同一个问题："在幼儿园里，如果小朋友欺负你，那你怎么办呢？"有26个孩子的回答是："打他。"老师问："为什么要打他呢?"孩子的回答都是:"我爸爸(妈妈、爷爷、奶奶、外公、外婆)教我的。"

确实是这样,许多孩子的报复心理很强,没有一点宽容之心,这往往是长辈错误的教育造成的。在一次见习时我看到小波在户外活动时追逐小叶,追上后狠狠地打了小叶几下。我急忙赶过去制止并问小波:"小波,老师不是说小朋友要团结友爱吗,你怎么打小叶呢?"小波理直气壮地说:"他差点碰倒我。我奶奶说,谁要招惹你,你就狠狠地打他!"小波牢牢地记住了奶奶的话,却完全忘记了老师的教育。

所以要想教会孩子宽容,家长首先要纠正错误的教育观念。否则,家园教育观念相互矛盾,孩子则会无所适从。

(二)教会孩子正确应对暴力的技巧

告诉孩子,当受到别人的欺负时,可采取以下程序处理:

愤怒地瞪着他(表示对他的不满)→大声地说:"你打疼我了,请你别再打我。"→大声地说:"你再打我,我就告诉老师。"→告诉老师

平时要注意对孩子进行这方面的行为和语言训练。当孩子受到欺负时,我们既不鼓励以牙还牙,但也反对孩子默不作声地忍受。

(三)教孩子学会原谅别人的无意冒犯

告诉孩子,如果别人无意冒犯了自己且没有任何恶意,那么就应该原谅那个人。让孩子多想别人好的一面,想想大家一起玩的快乐时光,并且告诉孩子,当别人对无意中的冒犯表达了歉意时,一定要微笑着回应:"没关系!"

幼儿教育中的心理效应

（四）要做孩子的榜样

教育者平时也应该显示出宽容豁达的心态，不计较别人的无意冒犯——对同事如此，对孩子也是如此。如果老师经常对不懂事、时不时冒犯她的孩子怀恨在心，那么就会给孩子造成负面的影响，孩子们由此也学会冤冤相报。

案例 3-11　你摔倒，我高兴！

一向调皮的小裕在自由活动时不小心摔了一跤。顾老师见到后，不但不同情，而且当着全体小朋友的面对小裕说："摔倒了吧？！谁叫你平时那么调皮！现在摔倒了吧！"

教师如此记恨孩子以往的过失，如此赤裸裸地表达自己的心声，在其潜移默化的影响下，孩子也会记恨别人，成为缺乏宽容心的人。

第四章 有效的教育教学

一、数学教学中为迁移而教——迁移效应

二、适当示弱反而易赢得信任——仰巴脚效应

三、让孩子一步一步地走向成功——登门槛效应

四、由易到难让孩子不断进步——连锁塑造

……

一、数学教学中为迁移而教——迁移效应

迁移是一种学习对另一种学习的影响。具体来说，迁移就是一种学习获得的知识、技能、学习方法和态度对另一种学习的影响。我们所熟知的"举一反三""触类旁通"就是学习的迁移现象。迁移又分为正迁移和负迁移。正迁移是指一种学习对另一种学习所起的促进作用。负迁移是指一种学习对另一种学习所起的干扰或抑制作用。如教孩子认识"星期"时，孩子先前所获得的数数经验对认识"星期"就有正迁移和负迁移的作用，我们教他们"今天星期一，明天星期二；今天星期二，明天星期三……"孩子很快就掌握了从星期一到星期六的先后顺序，这是正迁移；但是当问及"今天星期六，明天星期几"时，大多数孩子会认为明天是星期七，这是负迁移，并且在相当长的一段时间里孩子都会把星期天叫作星期七。

学习迁移，除了前面的学习对后面的学习会产生迁移作用外，后面的学习对前面的学习也会产生迁移作用。比如，孩子在学会"6"的写法后，很少出现书写方面的错误，但在学会"9"的写法后，孩子往往会把"6"写成"9"，这是后续学习——"9"的写法对前面所学的"6"的写法产生的负迁移作用。

从迁移的内容来看，除了知识的迁移之外，还有技能、方法、态度等方面的迁移。如在计算技能方面，假如孩子在学习5以内的减法时，使用的都是直观水平的逐一减法，如让孩子算"5-2=？"，孩子会先拿出5根小棍，然后从中拿走1根小棍，之后再拿走1根小棍，最后数出余下的小棍的数量是3，那么他就可以算出"5-2=3"。习惯使用这种方法后，以后学习较大的数的减法时，他们仍会尝试运用这种方法来解决问题，这样自然会影响计算速度和抽象思维的发展。如果幼儿在学习5以内的减法时，已学会运用数的组成知识去进行减法运算，那么以后遇到较大的数的减法时，就会尝试用数的组成知识去运算，这种方法的计算速度就比前一种要快得多，并且在运算的过程中，幼儿的抽象思维能力也会得到相应的发展。

综上所述，迁移对幼儿园数学教学既有积极的作用，也有消极的作用。同样的知识，教学方法不同，孩子建构起来的认知结构也不同，其迁移的效果也大不同，对孩子各方面能力发展的影响也不一样。教学所追求的目标应尽量避免学习的负迁移，最大限度地促进孩子学习的正迁移。

那么，在幼儿园数学教学中，该如何促进孩子学习的正迁移、防止负迁移呢？应注意以下几点。

（一）让孩子牢固地掌握数学的基本结构

迁移理论认为，掌握知识的基本结构有利于知识的迁移。因为普遍的知识比个别事实性知识正迁移的可能性更大。

孩子在幼儿园所学的虽然只是数学的初浅知识，但同样有相应的基本结构——基本的概念、基本的原理以及它们之间的关联性，即数学知识的整体结构和它们之间的相互联系。因此，我们在数学教学的过程中应该帮助孩子弄清并掌握数学的基本概念、基本原理以及它们之间的相互关系，使孩子从整体上掌握数学知识，把握数理关系。只有这样，孩子掌握的数学知识，其适应性才大，其迁移的可能性才大。

反之，孤立地教给孩子一些零碎的知识，其迁移量就极其有限。比如，在教孩子学习"数的组成"时，从一开始就应有意识地将数的组成规律，即互换律、互补律，渗透在"5以内的数的组成"的教学当中。到学习大于5的数的组成时，孩子便可以根据数的组成规律，在短时间内学会这些数的组成的知识。其他一些带有规律性的知识或存在相互联系的知识都可以采用这种教学方法。

许多幼儿教师在数学教学中往往忽视"规律性知识"和知识的内在联系的教学,甚至还把一些带有规律性的、有一定内在联系的知识人为地孤立起来。比如,有些教师这样教数的组成:2 的组成→3 的组成→4 的组成……→9 的组成;这样教相邻数:2 的相邻数→3 的相邻数→4 的相邻数→……→9 的相邻数;另外还有 2 以内的加法→3 以内的加法→4 以内的加法→……→10 以内的加法;2 以内的减法→3 以内的减法→4 以内的减法……→9 以内的减法,等等。这种人为地割裂知识的有机联系的呆板教学,虽然也能让孩子获得一定的知识,但这些知识是"死"的知识,它们的迁移量是很少的,并且这种教学的时效性也很差。

(二)提高孩子的分析能力和概括能力

迁移理论认为,个体的分析能力和概括能力是影响迁移的另一个重要因素。如果个体的分析能力和概括能力强,那么他就很容易分析并概括出新旧知识之间的共同点,掌握新旧知识之间的联系,这样有利于知识经验的迁移。反之,就难以将以前所学的知识、技能迁移到当前的学习中来。

一个人的分析能力和概括能力是在学习的过程中形成和发展起来的。要想提高孩子这方面的能力,我们就应该在教学过程中对孩子进行相应的训练。美国教育心理学家布鲁纳认为,最有效的方法就是采用"发现法"进行教学,让孩子在分析、比较、概括中掌握知识,不但要"知其然",而且要"知其所以然"。有不少教师在进行数学教学时,只管把自己掌握的有关知识"灌输"给孩子,而没有真正启发他们的思维。这样,孩子学到的知识基本上是些"死知识",对后续的学习极少能起到正迁移的作用。孩子在运用这些知识的过程中亦缺乏相应的灵活性。

所以,我们在幼儿园数学教学中,要注意通过数学概念,原理的产生、形成和发展过程(如概念的提出、概括、抽象过程;原理的发现和证明过程),

让孩子在观察、分析、比较、抽象概括的过程中获得知识，进而培养他们的分析能力和概括能力，而不应简单地、机械地将数学知识直截了当地"告诉"他们。这也就是我们平时所说的重视"过程教学"，通过"过程教学"来发展孩子的能力，进而提高知识的迁移量和孩子的迁移能力。

在幼儿园数学教学中，不能用简单的重复来代替丰富多彩的知识发生过程，我们要通过"过程教学"来促进孩子的分析能力和概括能力的提高。特别是在一些"规律性知识"的教学中，要重视以其产生的过程的教学来促进孩子的发展。

（三）让孩子在理解的基础上熟记有关知识和原理

研究表明，在理解的基础上记住知识或原理会产生广泛的迁移。理论已经把有关的经验概括化，人们一旦理解了它，就可以利用它迅速地解决需要按实际情况做出分析和调整的新问题。只有在理解的基础上，才能产生良好的迁移效应。比如孩子通过5以内数的组成的学习，理解并掌握数的组成规律，那么到学习大于5的数的组成时，他们就能运用这些规律性知识，认识较大的数的组成。

对那些基础性的知识，在理解的基础上还应让孩子熟记它，这样更有利于知识的迁移。比如，孩子在理解的基础上熟记数的组成知识，会对以后的加、减法的学习产生高效的迁移；又如，如果孩子能够正确、牢固地掌握之前学的知识与技能（如一一对应、分类、比较、排序等），那么就会对后面学习的数的概念的掌握，起到积极的促进作用。

（四）向孩子提供有关原则或概念的实例

如果教学中使用的实例不充分，那么概念或原则所显示的概括性就会受到限制。这不仅会影响孩子对概念或原则的理解，而且会影响其迁移的广度。

因此，在有关概念或原理的教学中，我们应该为孩子提供充分的实例，使孩子正确把握其内涵和外延，这一点很重要。如果在教数学概念或原理时，仅举一个或有限的几个实例，往往使孩子对概念或原理的理解和运用局限于习得该概念原则时的情境。如在教孩子认识梯形时，如果仅向孩子呈现"⏢"这一种变式，那么孩子就易误认为梯形就是上小下大的四边形，即把"上小下大"当作梯形的本质属性，进而把"⏢""⏢"等看作"非梯形"。因此我们应尽可能全面地向孩子呈现表面上不相类的实例，以帮助孩子认识概念、原理的本质属性和非本质属性，进而避免知识的负迁移。

（五）帮助孩子辨认所学材料的重要特征

各种概念、原理都有自己的特征和适用范围。教师应该帮助孩子牢固地掌握这些知识的主要特征，教会孩子辨认各种现象或需要解决的问题的特征，这对打通已知材料和新材料、新课题之间的关系，顺利地完成正迁移是极为有利的。孩子可能难以了解他们应学些什么、学这些知识有什么用，因此教师在这方面的指导尤为重要。我们可以利用注意的规律来引起孩子对相应的内容的重视，比如，可通过对比、提高语调、配以适当的手势、直观教具、反复等手段，强调、突出所学材料的重要特征。

（六）应为孩子提供多种迁移的情境

在幼儿园数学教学中，应创设一些特定的情境，使孩子得到尽可能多的机会来应用所学的原则，这样可以使孩子在实践中获得更多的迁移练习和经验。如孩子在学习2、3、4、5的相邻数后，理解了相邻数的特点，教师可以让孩子自己找出6、7、8、9的相邻数。通过类似的尝试练习，孩子的迁移意识和能力就会得到提高。

二、适当示弱反而易赢得信任——仰巴脚效应

仰巴脚效应意指才能平庸者固然不会受人倾慕，而全然无缺点的人也未必讨人喜欢，精明的人无意中犯点小错误，不仅瑕不掩瑜，而且会让人更加喜爱他。"仰巴脚"在北京土语里是指不小心跌了一跤，有时可能要跌个四脚朝天，所以，仰巴脚效应又叫"出丑效应"。

案例 4-1 阿伦森实验

1978 年，心理学家阿伦森等人做过这样一个试验。

他把四段情节类似的访谈录像分别放给被测试的对象看。

在第一段录像中，接受主持人访谈的是个非常优秀的成功人士，他在自己所从事的领域里取得了辉煌的成就。在接受主持人采访时，他的态度非常自然，谈吐不俗，表现得非常有自信。他的精彩表现不时赢得台下观众的阵阵掌声。

在第二段录像中，接受主持人访谈的也是个非常优秀的成功人士，不过他在台上的表现略有些羞涩。在主持人向观众介绍他所取得的成就时，他表现得非常紧张，竟把桌上的咖啡杯碰倒了，弄湿了主持人的裤子。

在第三段录像中，接受主持人访谈的是个非常普通的人，他不像上面两位成功人士那样有着不俗的成绩。在整个采访过程中，他虽然不太紧张，但也没有什么吸引人的表现，一点也不出彩。

在第四段录像中，接受主持人访谈的也是个很普通的人。在采访的过程中，他表现得非常紧张，和第二段录像中一样，他也把身边的咖啡杯碰倒了，弄湿了主持人的衣服。

阿伦森给测试对象放完这四段录像后，让他们从上面的这四个人中选出他们最喜欢的一个和他们最不喜欢的一个。

测试的结果是：最不受测试者喜欢的是第四段录像中的那位先生，几乎所有的被测试者都选择了他。可奇怪的是，测试者们最喜欢的不是第一段录像中的那位成功人士，而是第二段录像中打翻了咖啡杯的那位，有95%的测试者选择了他。

这个实验说明：对于那些取得突出成就的人来说，一些微小的失误，比如打翻咖啡杯这样的细节，不仅不会影响人们对他的好感，相反，还会让人们从心里感觉到他很真诚，值得信任。如果一个人表现得完美无缺，从表面看不到任何缺点，反而会让人觉得不够真实，会降低他在别人心目中的可信度和喜欢程度。

生活中有不少比较完美的人，但这类人往往不讨人喜欢，因为一般人与完美无缺的人交往时，难免会因己不如人而感到惴惴不安。最讨人喜欢的是那些精明而又有一些缺点的人，比如孩子眼中的老师、老师眼中的园领导等，这些貌似完美无缺的人在不经意中犯个小错误，反而会让人更加喜欢他们。

根据仰巴脚效应所揭示的原理，我们在与孩子互动的过程中，应该注意以下四点。

（一）适当示弱

案例 4-2　老师竟然喝水呢

晓虹很得意地告诉妈妈她的发现："妈妈，妈妈，我们老师竟然喝水呢！今天我亲眼看见的。""妈妈，老师也睡觉吗？"……

在孩子心目中，老师就像神仙一般不食人间烟火，所以见到老师过着凡人一样的生活，他们会觉得很奇怪。为了消除这种隔阂，教师不妨利用仰巴脚效应原理，做一个平凡的普通人，在孩子们面前适当地示弱，犯点小错误，丢丢丑，这样，更易于师幼之间形成平等的、积极的互动关系。

案例4-3 对不起，老师不是有意的

有一天中午，在给孩子们盛汤的时候，邓老师的手不小心碰到了小涛的头，邓老师连忙摸摸小涛的头说："对不起，老师不是有意的，弄疼你了吗？"一句"对不起"让小涛高兴了一整天。他到处跟小伙伴们说，邓老师还跟我说对不起呢！等到傍晚妈妈来接他时，他又兴奋地把这件事告诉了妈妈。

老师也会犯错误，同时还向幼儿道歉，这让孩子觉得老师更像个普通人，这样，孩子会更乐于与老师展开积极的、和谐的互动。

（二）适当地"无知"

案例4-4 请幼儿当老师的老师

有一次一个小朋友问我："老师，青蛙和蛤蟆一样吗？""当然不一样了。"我随口说道，这下许多孩子都围了过来。

那个孩子又问了："有什么不一样呢？"这下可把我给问住了，因为我对于这两种小动物的了解很少，只好实话实说了。于是，我答道："陈老师也不大清楚……"话没说完，小朋友们就哄堂大笑："陈老师也不知道，哈哈哈……"我发现这时孩子们看我的眼神不一样了，虽然他们笑我，但我觉得这种笑拉近了我们之间的距离。

于是，我又说："我也很想知道为什么不一样。不如我们今天回家都去解

决这个问题。明天谁知道,谁就来当我的小老师,并告诉大家好吗?""好!"小朋友们可高兴了。

第二天,小朋友们都说个不停,为了当我的小老师,大家都认真地做起了准备……

教师适当地表现出"无知",让孩子觉得老师并不是无所不知的神人,这不仅有利于拉近师幼之间的心理距离,而且有利于激发孩子的求知欲和表现欲,师幼关系会更加和谐。

(三)告诉孩子:老师小时候也犯过同样的错误

当孩子犯错误时,老师告诉孩子:"老师小时候也犯过同样的错误。"如孩子为尿床而哭泣时,老师可以这样跟孩子说:"尿床不要紧,没什么大不了的,等一下老师帮你换一条干净的裤子就可以了。"然后故作神秘地将嘴巴凑近他的耳边轻声地说:"告诉你一个秘密,小时候老师也尿过床,并且尿过好多次呢。"这样不仅会让孩子觉得犯错误并没有什么可丢人的,而且会让孩子觉得老师和他一样是会犯错误的平凡人,会更乐于与老师平等地交流。

(四)不要刻意追求完美

在孩子们面前不要刻意地追求展现完美无缺的形象,那样会让孩子觉得"高不可攀",在日常生活中有意无意地和你保持距离。另外,教师在孩子面前不慎犯错的时候,也不要过多地责怪自己,要以一颗平常心接纳自己的错误和缺点。

仰巴脚效应并不适用于每个教师,只有在那些品质好、专业能力强的老师身上才可能出现。所以,教师应提高自己的专业素养,并力图达到较高的水平。

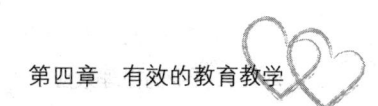

另外,假如为了产生仰巴脚效应,教师故意去犯错误,而这种犯错被孩子们识破,那将是十分危险的,而且会引起其他方面的教育问题。这方面请教师们务必高度重视。

由于受传统教师观的影响,不少教师把自己当作真理的化身,认为自己事事正确,特别是一些能力强的教师,总想维护个人的绝对权威。有的教师甚至掩盖自己的错误,这会导致其他教育问题的产生。

三、让孩子一步一步地走向成功——登门槛效应

登门槛效应是指在一般情况下,人们都不愿接受较高、较难的要求,因为它不仅费时费力,而且很难获得成功;相反,人们乐于接受较易完成的要求,在达到了较低的要求后,人们才慢慢地接受较高的要求。比如,一个小伙子追求女孩子,如果刚接触就求婚,那么被拒绝的可能性很大;如果循序渐进地追求——先是约会,一起看电影,一起吃饭,然后谈情说爱,最后向其求婚,就会顺理成章。

登门槛效应是美国社会心理学家弗里德曼与弗雷瑟根据1966年做的"无压力的屈从——登门槛技术"的现场实验提出的。

案例4-5 登门槛效应实验

首先,一个大学生先登门拜访了一些家庭主妇,请求她们帮一个小忙:在一份呼吁安全驾驶的请愿书上签名。这是一个社会公益事件,瞧,每年死在车轮底下的人有多少!不就是签个字吗!太容易了!于是绝大部分家庭主妇都很配合地在请愿书上签了名,只有少数人以"我很忙"为借口,拒绝了

这个大学生的要求。

接着，在两周之后，另一个大学生再次挨家挨户地去访问那些家庭主妇。他除了拜访第一个大学生拜访过的家庭主妇之外，还拜访了一些以前没有访问过的。与上一次的任务不同，这个大学生访问时还带着一个呼吁安全驾驶的大招牌，请求家庭主妇们在两周内把它竖立在她们各自院子的草坪上。这个招牌又大又笨拙，与周围的环境很不协调。按照一般的经验，这个有点过分的要求很可能被这些家庭主妇拒绝。毕竟，这个大学生与她们素不相识，要求她们帮这么大的忙，真的有些难为她们。

实验结果是，那些第一次没被访问的家庭主妇中，只有17%的人接受了该项要求，而在第一次拜访中答应帮忙的家庭主妇中，有55%的人接受了这项要求。

为什么同样的要求却产生了不同的结果呢？心理学家这样解释：人们都希望给别人留下前后一致的好印象，为了保证这种形象的一致性，人们有时会做一些理智上难以解释的事情。在上面的实验中，答应了第一个请求的家庭主妇表现出了乐于合作的特点，当面对第二个更高的要求时，为了保持自己在他人眼中乐于助人的形象，她们只能同意在自家院子里竖起一块粗笨、难看的招牌。

根据登门槛效应所揭示的教育原理，我们在与孩子互动的过程中，应该注意以下三点。

（一）降低门槛，引导孩子不断走向成功

登门槛效应告诉我们：教师应向孩子提出与其能力相匹配的要求，让孩子"跳一跳，能摘到果子"，在不知不觉中跨越一道道"门槛"，然后信心百倍地去迎接新的挑战，从而一步一步地走向成功。

案例 4-6 训练孩子吃饺子

一天，利老师与家长约谈孩子不吃饺子的事情，说孩子见了饺子就哭，一口也不吃，家长说："我们在家里都是她吃什么就做什么。"

利老师说："在幼儿园里只能食堂做什么，孩子吃什么。你们在家太娇惯孩子了。"家长则认为自己就这么一个孩子，为孩子累也心甘情愿，用不着老师批评教育。后来，利老师没有与家长谈及此事，而是着手教育孩子。等再吃饺子的时候，利老师没有强迫孩子吃饺子，只是鼓励孩子舔一口，孩子感觉舔一口没关系。利老师接着鼓励她咬一小口，孩子就咬了一小口，老师竖起大拇指表扬她，孩子非常高兴。然后，利老师拿出自己买的午饭给孩子吃。

到再吃饺子的时候，利老师既为孩子准备了其他午饭，又鼓励她慢慢地多吃一点饺子。一个月以后，孩子已经不再拒绝吃饺子了。

利老师把事情的经过告诉了家长，家长听后非常感动，也为自己曾经误解利老师的行为感到惭愧。

上述案例中的利老师除了有高度的责任感和事业心以外，还利用了登门槛效应，一小步一小步地让孩子接受饺子——先"舔一口"，然后"咬一小口"，一次次地鼓励孩子"多吃一点饺子"，最终孩子不再拒绝吃饺子了。

（二）从高门槛到低门槛

与登门槛效应相对应的是"反登门槛效应"。反登门槛效应指的是当人们拒绝接受较高的要求时，认知上的不协调会促使他们建立新的平衡，因而容易接受较低的要求。有两家相邻的粥店，经营范围相同，一家店每天营业利润总比另一家店多出两三百元。原因何在？原来是服务员的问法不同造成的。

左边这家店的服务员在给客人上粥的同时问道:"加两个鸡蛋,还是加一个鸡蛋?"爱吃鸡蛋的客人说加两个,不爱吃的就说加一个,也有要求不加的,但是很少。右边这家店的服务员则问:"加不加鸡蛋?"说加的和说不加的各占一半。一天下来,就有了利润上的差别。这便体现了心理学中所说的"反登门槛效应",又称"欲得寸先进尺",即在提出自己真正的要求前,先向对方提出一个更高的要求,遭到拒绝后,再提出自己真正的要求,这样做会大大增加对方答应或选择的可能性。

根据反登门槛效应的原理,遇到孩子们不愿干某事时,比如睡觉超时、洗手拖沓、不能按计划从室外转移到室内学习,可以改变一下询问的方式,每次都提出两个具体的时间段(一个与当前时间段近些,一个与当前时间段远些),让他们选择。孩子们总会笑着选择那个与当前时间段远些的。结果大多数情况下总是尽如人意,一到时间,他们就自觉地去做相应的事情了。

(三)注意登门槛效应使用的时机

登门槛效应大还是反登门槛效应大呢?目前尚无足够的证据给予科学合理的解答。但有两点是清楚的:低要求与高要求相继出现并无明显联系时,运用登门槛技术的效应大;如果低要求与高要求相继出现并有明显联系时,则运用反登门槛技术的效应大。因此,在幼儿园保教工作中,教育者要根据具体情况进行选择——有时候采取"得寸进尺"的技术,有时候采取"欲得寸先进尺"的技术。

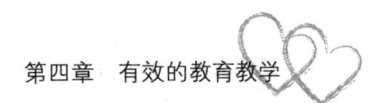

四、由易到难让孩子不断进步——连锁塑造

请看下面的心理学实验

案例 4-7　连锁塑造实验

心理学家斯金纳在斯金纳箱的一面箱壁上嵌了一个与箱壁齐平的彩色小塑料圆盘。研究者的目的是训练鸽子啄这个彩色圆盘，而不是箱壁上的其他地方。训练开始时，只要鸽子在箱子中的任何地方朝盘子这个方向稍微转动一下身体，就给鸽子喂食。这样，多次以后，鸽子朝这个方向转动的频率明显增加。当鸽子经常做出这一行为时，研究者对鸽子提出更高的要求，只有鸽子转向圆盘这个方向时，才给鸽子喂食。等到鸽子经常向圆盘转动时，研究者再次提高要求，只有当鸽子啄向圆盘时才给它喂食。这样多次之后，鸽子真的学会啄圆盘了。

教鸽子啄圆盘的具体操作过程，就是连锁塑造的过程。连锁塑造是指通过小步骤反馈来达到学习目标，也就是说，首先把目标分成几个小目标，每完成一个小目标就进行反馈或强化——对鸽子而言就是喂它食物，以达到最终的目标。

案例 4-8　聪明的妻子

有一对恩爱的夫妻，丈夫从不愿意做家务，为此妻子很是苦恼。有一天，

妻子受到高人的启发，用一个巧妙的办法改变了丈夫。到底是什么方法呢？其实很简单，就是有一天妻子上班前把米淘好，放进电饭煲里，下班时她故意晚回家一会儿，并给丈夫打电话说："我现在不能回家，你只需要插上电源，我们就能及时吃到晚餐了。"丈夫觉得这很简单，就爽快地答应了。妻子回到家后热烈地拥抱了丈夫，并对他的行为大加夸赞。这样过了一段时间后，妻子又把米淘好，但是不放进电饭煲，要求丈夫放进电饭煲并插上电源。丈夫觉得这并不以前麻烦多少，于是每天还是按照妻子的吩咐把饭煮好。慢慢地妻子留下的工作越来越多，而且每次都会因为丈夫小小的进步大加赞赏。于是，丈夫在不知不觉中改变了自己的行为，同时也潜移默化地改变了对做家务的态度，主动地承担了许多家务。

上述案例中的妻子就是运用连锁塑造的原理，改变了丈夫不爱做家务劳动的习惯。根据连锁塑造原理，在与孩子互动的过程中应该注意以下四点。

（一）循序渐进，由易到难

使用连锁塑造技术塑造孩子的行为，要注意由易到难，循序渐进，每一步都给孩子留出足够的强化时间。每个目标行为连续出现至少8次以上，方可提出下一个更高的目标行为训练要求。

案例4-9　纠正洗手强迫症

小英不知从什么时候开始，喜欢上了洗手。起初父母认为这是个好习惯，并没有在意，等到父母察觉时问题已经相当严重了——小英每几分钟就要洗一次手，而且洗手的时间越来越长，有时候要用好几次肥皂。

专家告诉她妈妈说：无法一下子让她完全放弃强迫行为，可以以时间为奖励基准，改善小英不断洗手的行为。如与小英商定，如果她能够每 10 分钟去洗一次手，那么就可获筹码 1 个。获得若干个筹码，可换一次奖品（所需筹码数依奖品对孩子的吸引程度递增）。然后逐渐延长奖励时间基准，从 15 分钟、20 分钟、25 分钟……到 1 小时。结果效果非常不错。经过三个月的辅导，小英强迫洗手的行为终于得到了改善。

上述案例中，对小英强迫性洗手行为的矫正就是按照由易到难的顺序：不洗手的时间由 10 分钟→15 分钟→20 分钟→25 分钟，最终达到改善其强迫性洗手行为的目的。

一个人的习惯行为是在长期的学习和生活中逐渐形成的，不良的行为习惯不会一下子就消除，健康的行为习惯也不可能一下子就形成。在教育过程中，教育者一定要有对孩子长期进行连锁塑造的观念，要有足够的耐心，一步步地培养并巩固孩子的行为习惯。

（二）及时表扬和奖励

在使用连锁塑造技术塑造孩子的行为的过程中，每当孩子达到一个小的目标行为要求时，教育者就应该给予适当表扬奖励，以强化其努力的结果，这样孩子才会更加配合教育者，达到相应的目标行为要求。

案例 4-10 纠正咬指甲的行为习惯

建华自小就养成了咬指甲的习惯，到底始于何时，其父母也不清楚。进入幼儿园后，这个习惯很快被老师发现且越来越严重。建华的指甲几乎被咬光了。经过一周的观察，老师了解到建华一天在园时间咬指甲的次数少则十次，多则二十几次。

接下来就是制订改进目标，如果一天咬指甲不超过八次，就给建华奖励。

实施一段时间后，建华连续几天咬指甲都不超过八次，老师认为时机成熟，就把目标行为从八次降为六次。每当建华达到目标行为要求时，老师就给他表扬奖励，这些表扬奖励包括物质奖励、口头称赞、拥抱等。方案实施一段时间后，取得了很不错的效果。

上述案例中，成功矫正建华咬指甲习惯的原因有二：一是，循序渐进，由易到难；二是，及时进行强化——在建华达到目标行为要求后，及时给予其物质奖励、口头称赞等。

（三）连锁塑造技术也可用来塑造良好的行为习惯

连锁塑造技术不仅可以矫正孩子不良的行为习惯，而且可以用来塑造孩子良好的行为习惯。如老师可以用连锁塑造来锻炼孩子的胆量，如果某孩子害怕在全班小朋友面前讲话，可先让这个孩子在小组同伴面前坐着发言并表扬他；当他不再害怕坐着发言时，就要求他站着发言；最后，让他到讲台前给全班小朋友讲个故事。在这个过程中，教师和小伙伴对他的宽容和鼓励可能是最好的强化物。

再如，某幼儿是个害怕社交、有点退缩倾向的孩子，可以设计这样一个循序渐进的行为塑造目标：与小朋友坐在一起→和邻座小朋友打招呼→与一组小朋友玩→与全班小朋友玩……最终，这个孩子会走出封闭的自我，在幼儿园里能与全班小明友一起玩，喜欢与全班小朋友一起玩。

（四）连锁塑造技术对孩子的心理行为问题的矫治只是治标

应该记住，连锁塑造技术作为外部强化的一种手段，对孩子的心理行为问题的矫治只起到治标的作用，而不能治本。比如，它可以让孩子改掉吸吮手指的不良行为习惯，但它不会消除其背后的根源，因此，孩子不吸吮手指

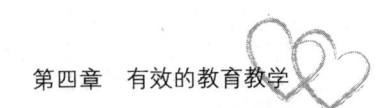

了,可能又开始吸吮衣角、被角等。用连锁塑造技术可以矫治孩子爱哭泣的习惯,让孩子学会自我控制哭泣行为,但它不能消除孩子哭泣的根本原因,因此,孩子虽然不哭泣了,但他仍然处于伤心的状态。

所以采用连锁塑造技术矫治孩子心理行为问题时,不仅要关注孩子心理问题行为的消除,而且要关注产生这一心理问题背后的原因,以求从根本上治愈孩子的心理问题。

五、公平对待每一个孩子——马太效应

 请看下面的寓言故事

主人要出门远行,临行前把仆人叫了过来,依照每个人的才干给了他们若干银子:一个领到5000两银子,一个领到2000两银子,一个领到1000两银子。之后,主人就出发了。领到5000两银子的仆人把钱拿去做买卖,另外赚了5000两银子;领到2000两银子的仆人也照样另赚了2000两银子;而领到1000两银子的仆人挖开地,把主人的银子埋了起来。

过了许久,主人远行回来和他们算账。领到5000两银子的仆人说:"主人啊,你交给我5000两银子,请看,我又赚了5000两银子。"主人说:"好,我要让你管理很多事情,体会做主人的快乐。"领到2000两银子的仆人也来说:"主人,你交给我2000两银子,请看,我又赚了2000两银子。"主人说:"不错,我要让你管理一些事情,感受一下做主人的快乐。"

领到1000两银子的仆人也来说:"主人,我知道你是一个严厉的人,没有种的地方要收割,没有散的地方要聚敛。我就把你的1000两银子埋在地里。

请看，你的银子在这里。"主人回答说："你这又恶又懒的仆人，你既知道我没有种的地方要收割，没有散的地方要聚敛，就当把我的银子放给兑换银钱的人，等我来的时候，可以连本带利收回。"于是主人夺过他的1000两银子，给了那个有10000两银子的仆人。

在故事的结尾有这样几行诗："凡有的，还要加倍给他叫他有余；没有的，连他所有的也要夺过来。"

（引自《马太福音》）

"马太效应"一词是美国科学史研究者罗伯特·莫顿提出来的。他以此来概括这样一种社会现象——对名气很大的科学家做出的贡献所给予的荣誉越来越多，而对那些还未出名的科学家则不肯承认他们的成绩。罗伯特·莫顿归纳马太效应为：任何个体、群体在某一个方面（如金钱、名誉、地位等）获得成功和进步，会产生一种积累优势，就会有更多的机会取得更大的成功和进步。

马太效应不但在自然、社会、经济中有着广泛的影响，在教育领域同样存在。比如，"优生"在幼儿园和家庭里得到的多为关爱、重视、帮助、表扬奖励、积极互动，他们的"好"越来越多地被发现和挖掘，而他们的"坏"则容易被自己和教育者忽视，因此，他们变得越来越"好"；而"差生"在幼儿园和家庭里得到的多为冷眼、忽视、批评惩罚、消极互动，他们的"坏"越来越多地被发现和挖掘，而他们的"好"则越来越被自己和教育者忽视，因此，他们变得越来越"坏"。马太效应让"优生"更好——这是正面马太效应；马太效应让"差生"更坏——这是负面马太效应。

根据马太效应所揭示的原理，在与幼儿互动的过程中应该注意以下三点。

（一）公平对待每一个孩子

一般来说，教师总是喜欢品学兼优的孩子，对他们给予更多的关心和照顾，甚至对他们的错误也一味姑息迁就；对大部分"平淡无奇"的孩子则常常"一带而过"，任其自然成长；而对少数让人头疼的"差生"，更是漠不关心，只要他们不惹大事就行，对他们的优点熟视无睹，而对其犯的错误则耿耿于怀。有什么好事都想到给"优生"，什么坏事都"照顾给""差生"，这种做法造成了只重视培养少数处于优等位置的孩子，让他们成为班级中的"精神贵族"，而忽视甚至放弃了大多数处于中等或较差位置的孩子，让他们成了班级中的"陪衬品"。这样，在孩子心中，幼儿园是个极不公平的地方，孩子们要么自负自傲、孤芳自赏，要么自暴自弃、甘心堕落，极大地影响他们的健康成长。

前文案例1-4和案例1-5中，教师如此袒护自己喜爱的孩子，这对孩子的健康成长是不利的。

教师要公平地对待每个幼儿，让每个幼儿都有平等地展示自己、发展自己的机会。要防止负面马太效应的产生，不应把过多的荣誉和机会集中在少数人身上。有时候把机会给其他一些孩子，可能会为幼儿园、为班级带来更多的荣誉。相对而言，孩子都有平等的表现自我的机会，比所谓的荣誉更为重要。因为幼儿园是一个促进人发展的地方，而不是训练运动员、演员的地方。比赛的赢输不重要，重要的是让每个孩子感觉到幼儿园是个公平、公正的地方，同时让每个孩子在其中都得到平等的发展机会。

①让每个孩子都有均等的发展和表现机会，比如提问、做示范、帮老师忙、小伙伴做事。

②让每个孩子都有获得荣誉、赞美的机会。

③让每个孩子都有获得关爱的机会。

④让每个孩子都有与其能力、需要相适应的成功的机会。

⑤让每个孩子都获得教师给予的、与其发展水平相适应的积极的期待，并在教师的期待下不断地超越自己。

案例4-11 公开"缺德"

公开课之前，吴老师说："过一会儿，我带小朋友去上一节有趣的课。可是，今天老师只带聪明能干的小朋友去上，现在吴老师看看谁最聪明、谁最能干。吴老师摸到哪个小朋友的脑袋，他就可以和老师去上课。"

……

有一个小朋友说："吴老师，你为什么不带我去？我很能干的！"吴老师回答说："你平时最调皮了，带你去，你会破坏课堂，你留在教室里玩吧。"

我们看到许多幼儿园都在显眼的地方写着："一切为了孩子，为了孩子的一切，为了一切孩子。"可是就像上述案例所描述的那样，许多孩子连参加公开课的机会都没有。

如果幼儿园为孩子提供了公平、公正的环境，那么孩子们就会心情舒畅，怨言、牢骚、压抑就会从幼儿园消失，幼儿园就会成为让孩子们心灵舒展的乐园。

（二）要相信每个孩子都有发展的潜能

教师要坚信所有的孩子都有发展的潜能，都有自己的智能优势，都有自己的闪光点和长处，都是可造就之才。风靡全球的美国盖洛普咨询公司创始人唐纳德·克利夫提出："教育的目的就是发现受教育者的优势并发挥其优势。"只要自身的优势和潜力得到发挥和发展，丑小鸭也能变成白天鹅。浙江杭州的周武老师十年来跟踪记录了几百名学生，发现了"第十名现象"，更是有力地说明了这一点。因此，我们在看待孩子时，应该清醒地认识到每个孩子都是多种智力因素不同程度的组合，孩子的问题不是聪明与否的问题，而是哪些方面聪明和怎样将其发挥出来的问题。教育者要转变观念，树立正确的儿童观，坚信每个孩子都有发展的潜力，每个孩子都有其强项，每个孩子都可以不断地获得进步。

（三）对公平之心的检视

教育者可以从以下几个方面来检视自己在保教活动中是否有公平之心。

① 对于那些脏兮兮的、穿着破破烂烂的孩子或是不讨人喜欢的孩子，我的感觉如何？

② 对于那些行为不符合我的要求的孩子，我的感觉如何？

③ 我一见就不喜欢或觉得不舒服的孩子的特征是怎样的？

④ 我是否会对那些闹腾的、好攻击的、粗鲁的、欺负弱小的孩子，以及好哭诉的孩子有强烈的情绪反应？

⑤ 一般来说，我是不是比较偏爱男孩或是女孩？

⑥ 我是否比较偏爱班上某些聪明的、乖巧的孩子？

⑦ 我是否会对特别内向、被动的孩子或是大声说个不停的孩子有强烈的情绪反应？

⑧ 我是否会对来自某个社会阶层的孩子产生强烈的情绪反应？

⑨ 我是否会对学习特别迟钝或是有学习障碍的孩子有某些情绪反应？

⑩ 我是否会对某些特别聪敏的、常常搞恶作剧的或是故意捣蛋的孩子有强烈的情绪反应？

幼儿教师在保教活动的过程中，要将一碗水端平，公平对待每一个孩子，无论孩子成绩好坏、长相美丑、可爱与否，尽量避免"马太效应"的消极影响，努力去爱每一个孩子，让每一个孩子在幼儿园里都能得到尊重。

六、以温暖的方式对待每一个孩子——依恋心理

20世纪50年代末,美国心理学家哈洛等人为了研究小猴对妈妈的情感依恋,设计了"布妈妈"的实验。虽然心理学家是在小猴子的身上进行实验,但是对于人类同样有着深刻的启示意义。

案例4-12 哈洛的布妈妈实验

哈洛制作了两个假的猴妈妈。一个是用铁丝编成的;另一个是先做好母猴的模型,然后套上松软的海绵状橡皮和长毛绒布。实验的时候,把刚刚出生的小猴放进一个笼子里,里面等着小猴的正是铁丝妈妈和布妈妈。小猴喜欢哪个妈妈呢?

一个有趣的现象出现了。如果铁丝妈妈身上没有奶瓶,而布妈妈身上有,小猴很快就和布妈妈难舍难分;而如果奶瓶是在铁丝妈妈身上,小猴也并不因此在铁丝妈妈身边多待一会儿,只是在觉得饿的时候才跑去吃奶,其余时间则总是依偎在布妈妈的怀里。

如果在小猴玩耍的时候,突然放入一个自动玩具,小猴就会吓得马上逃到布妈妈身上。但是不久它就开始观察这个刺激物,然后试着接触,最后玩起这个玩具来。对于在只有一个铁丝妈妈的笼子里生长的小猴重复这样的实验,却不会出现上述情况。小猴会极端恐惧地躲在一边,一直不敢去碰那个自动玩具。

后来,哈洛和他的助手们给布妈妈增添了越来越多的母性特征。比如,在身体里装上电灯泡,这样布妈妈的"体温"就升高了,不再那么冷冰冰了。这时,小猴就去找温暖的布妈妈,而不愿找冷冰冰的布妈妈。如果把布妈妈设计成能摇动的，对小猴的吸引力就更大了。总之，布妈妈的母性特征越丰富，小猴就越喜欢它。

不过，实验结果表明：无论是由以前的布妈妈抚养长大的猴子，还是由改进后的布妈妈抚养长大的猴子，从笼子里出来后，它们都不能和其他猴子一起玩耍，性格极其孤僻，甚至性成熟后不能进行交配。

于是，哈洛的学生对实验进行了改进：在布妈妈有柔软感、温暖感、摇摆感的基础上，保证小猴每天都会有 1.5 小时的时间和真正的猴子在一起玩耍。改进后的实验表明，这样哺育长大的猴子身心基本是正常的。

布妈妈实验告诉我们，小猴除了从母亲那里得到食物之外，还需要得到接触、温暖、安全感、爱等。否则，小猴的心灵就会受到损伤。对于人类来说，婴幼期孩子的需要更多，也更高级。

根据布妈妈实验所揭示的原理，我们在幼儿园保教工作中，应该注意以下四点。

（一）依恋需要的满足比母乳更重要

从营养学的角度来看，母乳喂养比奶粉喂养更好，这是一个公认的事实。可是，布妈妈实验告诉我们，就孩子的心理健康发展而言，还有比母乳更重要的东西，如接触、温暖、安全感、爱等。因此，保教工作者不能仅仅满足孩子的生理需要，还要满足孩子的依恋等心理需要，让他们获得安全感，进而促进孩子形成坚强、自信等良好的个性品质，成为一个对人友善、乐于探索、具有社交能力的人。

（二）不能以物代人

布妈妈实验告诉我们，人的环境比物的环境更重要，因此，不能将孩子

交给玩具、交给电脑、交给手机。孩子在人的环境里才能正常地成长。父母再忙，也不能忽视孩子，不能不陪伴孩子。陪孩子玩、与孩子积极互动远远超过给孩子提供高档的玩具。如果孩子沉迷于玩手机、电脑，那更要努力让孩子回到人的环境，与人真实地互动。只有这样，孩子才能成为真正的人、身心健康的人。

（三）要与孩子多些亲密接触

有时孩子过分黏人会让人觉得心烦，但是孩子适当黏人恰恰说明他具有一种积极的情绪——对教育者的依恋。正常的依恋有利于孩子的身心健康。因此，教育者对孩子的适度黏人要给予积极的回应。

在哈洛生活的20世纪30年代到50年代，一位著名的儿科专家本杰明·斯帕克建议按时间喂奶，另一位哺育专家约翰·沃森则认为："不要溺爱宝宝，不要在睡觉前亲吻他们，正确的做法是，弯下腰握握他们的手，然后关灯离开。"对此，哈洛则有不同的观点，他认为，千万不要只跟宝宝握手，而是应该毫不犹豫地拥抱孩子。而恒河猴实验也证明了哈洛和他的同事的研究结果——"接触所带来的安慰感"是爱最重要的元素。

因此，建议教育者利用一切机会多跟孩子亲密接触。早上孩子来园时，老师可以将孩子抱在怀里，微笑着跟家长说再见；下午离园时，老师可以热情地抱一下孩子，然后说上几句期待的话，再把孩子交到家长手里；孩子犯错误时，先蹲下，然后一只手揽着孩子，与孩子目光平视，然后再跟孩子对话……

案例4-13 让孩子们心满意足的拥抱游戏

我在幼儿园里见习时曾听到一位教师介绍，她为班上的孩子设计了如下游戏：

她告诉小朋友们，他们和老师将做一个特别的游戏：如果哪位小朋友需要别人抱抱心里才好过，只要冲到老师的面前说："老师，今天你抱过我了吗？"老师就会伸出双手抱住他。两人紧紧拥抱，心里一起数数："1、2、3……"这位老师还说，每次小朋友们离开她的怀抱，都是一脸的心满意足。

确实，孩子们的健康成长需要教育者的亲密陪伴，因为这里包含着爱、关注、安全感和温暖。

（四）以温暖的方式对孩子的需求给予回应

教育不仅要充当布妈妈的角色——给孩子温暖，而且要对孩子发出的信号给予积极的回应，让孩子感受到自己存在的价值，同时也感受到温暖和安全。我们可以想象一下母鸡妈妈：夜幕降临的时候，小鸡们急切地回到鸡妈妈的身边，依偎在它的怀里。鸡妈妈用羽毛为小鸡们提供了温暖而舒适的窝。它们不仅在夜晚的时候回到鸡妈妈身边，在任何有危险的地方，它们都会寻求鸡妈妈的保护。因为得到了及时的保护和回应，所以它们才会有安全感。

案例 4-14 找妈妈活动

新生入园不久，某幼儿园开展了一项"找妈妈"活动，即由专职老师负责各班情绪不稳定、要走动的孩子。老师带着这些孩子围着幼儿园一圈又一圈地"找妈妈"，累了就吃一点东西，或者休息一下，然后接着"找妈妈"。这个活动一直持续到离园的时间——此时，妈妈们来到了幼儿园的大门外，孩子们终于找到了妈妈。

在整个"找妈妈"活动的过程中，孩子们不哭、不闹，最后找到妈妈时，

他们都满意地笑了。"找妈妈"活动既顺应了孩子们找妈妈的诉求，又让他们得到运动，真是一举两得。顺应孩子找妈妈的诉求比简单粗暴地制止要有用得多。孩子因为没有感受到温暖、安慰、被理解、被保护，很可能会哭得更加伤心。

布妈妈实验告诉我们，好老师应该待人温和，具有热情、尊重、体谅、支持、鼓励、关爱、同情等品质。他们是能让孩子感到温暖和安全的老师。

七、禁果分外香——禁果效应

"禁果"一词来源于《圣经》，它讲的是上帝将人类始祖亚当、夏娃安置在伊甸园中，告诉他们园中所有的果子都可以吃，唯有"知善恶树"上结的果子禁止吃。后来亚当和夏娃受蛇的引诱，吃了禁果，被逐出了伊甸园。偷吃禁果被认为是人类的原罪及一切罪恶的源头。

所谓禁果效应，指一些事物因为被禁止，反而勾起人们的好奇心和探求欲，引来他人更多的关注。禁果效应也被称为潘多拉的盒子效应、罗密欧与朱丽叶效应。日常生活中，禁果效应表现为：越是得不到的东西，越想得到；越是不让接触的东西，越想接触；越是要掩盖的东西，越想知道。

禁果效应存在的心理学依据在于，无法知晓的"神秘"事物比实际生活中接触到的事物，对人们有更大的诱惑力，也更能强化人们渴望接近和了解的诉求，特别是理由不充分的禁止，通常都会激发人们更加强烈的探究欲望。

案例 4-15　千万别动

心理学家通过实验来证明了禁果效应。实验对象是一群小孩子。心理学家在茶盘内放了五个向下扣着的不透明的茶杯,孩子们对它们完全没有一点兴趣。实验者在其中一个杯子下面放了一块糖果,然后重新扣上。临走时对孩子们说:"杯子下面放了东西,你们千万别动!"然后就佯装出去,在外面偷偷地观察。结果发现,愈向孩子们强调茶杯下面有东西,他们愈要打开看。有些孩子还要认真观察一番,然后再放好。

根据禁果效应所揭示的原理,在幼儿园保教工作中应该注意以下三点。

(一) 不要简单地禁止

对于"不好"的东西,不要简单地禁止。因为简单地禁止会让这些"不好"的东西变成"禁果",人为地增加它们对孩子的吸引力。

案例 4-16 不得舔栏杆

在哈尔滨,寒冬的气温接近零下二十几度,有一位年轻的老师经常提醒孩子们不要用舌头去舔走廊上的不锈钢栏杆。结果,有一天她们班有十多个孩子趁教师外出的短暂时间,用舌头去舔了走廊上的不锈钢栏杆,其后果是:这十多个孩子的舌头全部被紧紧地粘在了栏杆上动弹不得。此类情况,以前该幼儿园从来都没有发生过。

上述案例中,老师犯的错误就是反复地简单重申禁令——"不得舔栏杆",而不告诉孩子们为什么"不得舔栏杆"。这不仅不能禁止这一行为,而且会激发孩子们偷偷舔栏杆的欲望。

在教育孩子时,不宜简单地向孩子提出禁止某一行为的要求,还应同时向孩子讲清楚其后果。这样,孩子才会欣然接受。否则,孩子就会寻根问底,探个究竟,结果就会不可避免地闯祸——因为孩子不相信这种禁止有充分的

理由，所以，便会对它的正确性产生怀疑，从而产生犯禁的行为。

（二）要把孩子不喜欢而又有价值的事情人为地变成禁果

要把孩子不喜欢而又有价值的事情人为地变成禁果，以提高其对孩子的吸引力。

案例4-17 苏洵教子读书

宋朝著名文学家苏洵有两个儿子——苏轼和苏辙。他们小时候很顽皮，任何说服教育都无济于事。但是，苏洵并没有采用棍棒式教育的方法，而是巧妙地运用了禁果效应，达到了教育目的。

每当孩子玩耍的时候，苏洵就躲在一个角落读书。一看到孩子来，他就把书"藏"起来。两个孩子发现后，就以为父亲瞒着他们在看什么好书，于是趁父亲外出时，把书"偷"出来读。慢慢地，他们就将读书当成了一种乐趣。

在现实生活中，我们也可以像苏洵那样，巧妙地利用禁果效应来达到教育目的。

案例4-18 只许看，不许画

小雅5岁时，对画画表现出了少有的天分。莫老师让她进入画画兴趣班，但小雅画一会儿就失去了耐心。这时，莫老师没有逼她画，而是每周都带着她去兴趣班的画室，看别的小朋友怎么画画，但不让她画。

过了一段时间后，小雅说："老师，我想画。"莫老师却拒绝了小雅的要求，他说："画一幅画要很长时间呢！你根本就坚持不住，别画了。"小雅着急地叫起来："我一定能坚持住，一定能。"……现在，小雅对画画很执着。

如上述案例所示,"禁果"能在一定程度上激发孩子参与和探索的欲望。不过,教师应该记住以下几点。

1. 行动态度要一致

如果教师将某个事物列为某个孩子的禁果后,那么其他教师一定要认真配合。只有这样才能更好地激发孩子参与和探索的欲望。否则,黄老师说不可以,丁老师说可以,这样不仅不会引起孩子的兴趣,而且就算这个事物原本是孩子感兴趣的东西,孩子也会觉得索然无味,出现矛盾甚至厌恶的情绪。

2. 适时开禁

幼儿期孩子的坚持力是有限的,因此,需要教育者对孩子进行细微的观察和充分的了解。在孩子参与和探索的欲望达到较好状态时,应该对禁果解禁,这样才会达到较好的效果;一旦超过了孩子的坚持力,孩子参与和探究的欲望就会下降,甚至否定自己的想法,结果会适得其反。

3. 在设计禁果时,要摸清孩子的性格

有的孩子有不服输的性格,那么设计禁果可能会正中下怀;有的孩子缺乏信心,胆小又懦弱,那么就要慎重使用禁果效应了,弄不好可能会加重孩子的自卑感。

4. 禁果不是越多越好

虽然禁果在一定程度上能够让孩子充满前所未有的克服困难的勇气和决心,但是,不加限制地抛给孩子过多的禁果,会大大降低孩子的好奇心和参与度,最终失去对孩子的教育效用。因此,教育者在运用这种方式教育孩子时,要把握好度,摒弃"禁果越多越好"的错误想法。

（三）欲擒故纵

根据禁果效应原理——教育者越是禁止的事物，孩子参与和探索的欲望就越强，对由于长期禁止而引发孩子过度探索或参与的事物，进行适当的解禁，反而可以降低他们的欲望。

案例 4-19　解禁的策略

孙老师所带的班里有 5 个孩子经常偷偷地吸吮手指，为此她批评过这些孩子，但他们还是屡教不改，为此她感到很头疼。

由于担心被老师发现而受到批评，这些孩子总是躲起来偷偷地吸吮手指。老师管得越严，他们吸吮手指的欲望就越强烈，吸吮的次数就越多……

后来孙老师和配班老师接受了幼儿教育专家的建议，与这些孩子达成协议，规定上午 9:20—9:30 和下午 15:20—15:30 为本班吸吮手指时间。在这段时间里，孩子们可以自由地在任何地方吸吮手指，但其他时间就不允许吸吮手指了。

每当吸吮手指的时间一到，老师即宣布：吸吮手指的时间到了，喜欢吸吮手指的孩子可以吸吮手指 10 分钟，其他小朋友可以看别人吸吮手指，不可以取笑别人。

最初几天，班里那几个喜欢吸吮手指的孩子总是迫不及待地在教室、在过道上低着头专心致志地吸吮手指。他们当着众人的面，使出吃奶的劲儿，吸得啧啧有声……

一个星期后，这些孩子对吸吮手指的兴趣大大降低了，他们吸吮手指的行为也开始慢慢地变少了。

上述案例中，孙老师使用的便是禁果效应原理，对禁果——吸吮手指行

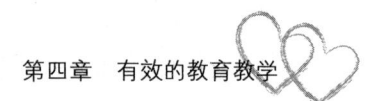

为解禁,进而降低吸吮手指这一行为对孩子的吸引力。

八、对孩子发出同一个声音——手表效应

大家都有这种经验:如果一个人只有一块手表,那么他能确定现在是几点钟;如果他有两块或者两块以上的手表,那么他可能就很难确定现在是几点钟。因为他不知道哪块手表更准确。这是手表效应的表层含义。手表效应的深层含义在于:每个人都不能同时挑选两种或两种以上不同的行为准则或者价值观念,否则,其工作和生活必将陷入混乱。

根据手表效应所揭示的原理,我们在幼儿园保教工作中,应该坚持一致性原则,以确保孩子明确教育者的要求,进而更加有效地促进幼儿的健康发展,为此应注意以下三个"一致"的要求。

(一)家园一致

前苏联教育家苏霍姆林斯基在《给教师的建议》一书中指出:"教育的效果取决于学校和家庭教育影响的一致性,如果没有这种一致性,那么学校的教学和教育的过程就会像纸做的房子一样倒塌下来。"这反映了教育的一致性原则。只有家长和教师双方同心同力且方法得当时,才会出现1+1>2的教育效果,否则,就可能出现1+1<2的教育效果。

案例 4-20 妈妈有急事

一天,小虎的妈妈带小虎过人行道时,恰好遇到了红灯。见两边没有车,妈妈便一把拽着小虎的手往前冲。小虎甩开妈妈的手抗议道:"老师昨天说,

过马路不能闯红灯!"妈妈却不耐烦地说:"现在又没有车,闯红灯有什么关系?妈妈有事要赶时间,不想在这里浪费时间!"说完又强拽着小虎闯红灯。

……

就这样,由于教育孩子过程中的家园不一致,导致幼儿园交通安全教育没有收到应有的效果。

案例4-21　家长需要专业引导

小浩奶奶很少来接孙子。有一次,她看到孙子在幼儿园自己洗手,就生气地说:"啊!是自己洗手呀?!"

听到小浩奶奶的怨言,皮老师没有生气,而是微笑着对她说:"看来奶奶在家把小浩照顾得周到、细致,连小浩的小手都帮着洗了。奶奶看,我们所有的小朋友都是自己洗手的哦。小浩长大了,现在很能干,你让他在家也要试着自己洗手哦。"奶奶听后脸上露出了不好意思的笑容,说:"好,好,我回家也让他自己洗手。"

皮老师既没有抱怨,也没有迁就,而是艺术化地引导奶奶支持幼儿园的教育主张:先表扬奶奶平时对孙子的关爱照顾,然后表扬小浩能干,进而对这位奶奶提出教育指导,让这位奶奶心悦诚服。

当家园意见不一致时,幼儿教师要以负责任的专业精神,引导家长的教育观念和行为走向正确的方向。平时幼儿教师要通过开家长会、家园联系栏、网络平台(如QQ、博客、微博、微信等)、家园联系手册、家访等方式,向家长宣传现代幼儿教育理念和教育艺术,让家长从理念到行为都能与幼儿园达成高度的一致,进而促进幼儿的健康发展。

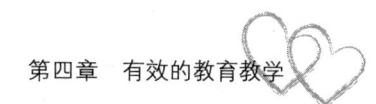

（二）家内一致

为了更好地促进孩子的发展，根据手表效应所揭示的教育原理，在家庭教育的过程中，家长（包括爷爷、奶奶、父亲、母亲等）要在育儿观念和行为方式上保持高度的一致；即使难以保持高度一致，遇到问题时也能求大同存小异。

然而在现实生活中，我们时常看到这样的现象：孩子摔跤了，父母鼓励其自己站起来，可是爷爷奶奶却上前把孩子扶了起来；进入超市孩子要东西遭到了父母的拒绝，可是爷爷奶奶却主动满足孙子的愿望；孩子做错事情后，父母严厉地批评，可是爷爷奶奶觉得孙子可怜，经常从中阻挠。这样的冲突可能来自父母与祖父母之间，也可能来自父母之间。孩子时常处于这样一种矛盾的环境中，有时会因不知所措而感到无所适从，更为严重的是让孩子是非不辨，见风使舵，甚至还会导致孩子形成双重人格，进而影响其心理健康。

案例 4-22　懒妈养了个勤快女儿

星期五傍晚，妈妈去接晓菲时，晓菲高兴地说："妈妈，告诉你一个好消息，星期一我们班的小朋友要表演节目，老师要我穿这双红色的长筒袜。"到家以后，妈妈对晓菲说："你要把这双袜子脱下来洗一洗，星期一就能穿上干净的袜子了。"

晓菲请求妈妈帮她洗一洗，妈妈说："不行，我们俩一人洗一只。"晓菲哀求道："我不会洗。"妈妈说："你照着我的样子洗，我怎么做，你也怎么做。"正当母女俩开心地洗袜子时，爸爸下班回来了。他惊喜地说道："哟，我们的女儿真能干，会自己洗袜子了！"外婆买菜回来了，她看到后心疼地说道："这么大点的孩子，却叫她洗那么长的袜子！真是懒妈养了个勤快女儿。"

上述案例中，爸爸和妈妈的教育观念是一致的，外婆的教育观念与爸爸、妈妈的教育观念是不一致的。外婆的话让晓菲不知道自己洗袜子是好事还是坏事，更不知道今后是不是要自己洗袜子。

战国时期思想家韩非说过："一家二贵，事乃无功。夫妻持政，子无适从。"意思是说，一个家庭里父母之间争权夺利，家里什么事也做不成；父母对孩子的教育各持己见，孩子就不知道听谁的教导。家庭教育要避免出现这种现象。

（三）班内一致

在幼儿园里，保教不分家，保育员是教育工作者，教师也是保育工作者。因此，在班级各项保教活动中，对孩子们的常规要求要统一，以达到事半功倍的效果。比如，让孩子搬椅子、请孩子们安静、让孩子们入座等用什么信号（如用什么曲子伴奏等）；午睡脱下的衣服、鞋子应该放在哪里；排队喝水、上厕所、外出的基本要求；拿取玩具的基本要求等，三位保教工作者针对上述问题达成一致后，再向孩子们提出要求。这样，孩子们就知道什么时候该做什么、什么事情该怎么做了。

由于教师实施早晚班的上班制度，两位教师同时在班级的机会并不多。如果两位教师的意见存在分歧和差异，那么，孩子们一天的生活便要遵守两种不同的常规管理制度，这样管理的结果可想而知。张老师要求孩子们上课的时候把手放在膝盖上，而李老师则要求孩子们上课的时候把手放在背后。有的孩子听了张老师的话，另一部分孩子则听了李老师的话，因此每到"请坐好"的口令发出后，整个班级的坐姿总是不能统一，显得毫无秩序。因此，教师之间应当紧密配合，充分沟通，形成一致的教育要求。为了更加有效地促进孩子的发展，教育者（包括教师、保育员、家长）一定要统一声音、统一看法、统一口径，形成教育合力。

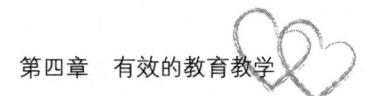

第四章 有效的教育教学

九、及时修补破窗——破窗效应

案例4-23　破窗实验

1969年美国斯坦福大学的心理学家菲利普·津巴多做过一个试验，他把两辆完全相同的汽车分别放在加州帕洛阿尔托的中产阶级社区和较为杂乱的纽约布朗克斯区。放在布朗克斯区的汽车被摘掉了车牌，并且打开车子的顶棚。结果，这两辆汽车的结局完全不同：被破坏了的汽车一天之内就被人偷走了，而放在帕洛阿尔托的中产阶级社区的那辆汽车，过了一个星期仍然摆在那里。之后，津巴多在那辆放在帕洛阿尔托的中产阶级社区的汽车窗子上凿了一个大洞，仅仅过了几个小时，这辆车的车窗玻璃全被打碎了，最后连车也不见了。

以上述实验为基础，政治学家詹姆士·威尔逊和犯罪学家乔治·凯林提出了"破窗理论"。这一理论认为：如果有人打破了一座建筑物的一块窗玻璃，而这扇窗户又没有得到及时的修补，那么别人就可能受到一种暗示去打破更多的玻璃，甚至会把所有的窗户都打破。久而久之，这座建筑物就会变得破烂不堪。

我们在生活中经常会看到破窗效应的现象：男厕所小便池里的一个烟头没有被及时清理，用不了多久该小便池里就堆满了烟头；一个人不按顺序挤上公交车，大家便会一哄而上；一个人闯红灯，其他人也会跟着一起闯红灯；在

很干净的地方，人们会不好意思丢垃圾，但是一旦地上有垃圾出现，人们就会毫不犹豫地扔东西，丝毫不觉得羞愧……如果不良现象在开始时没有被阻止，那么这将导致不良现象的无限扩展。

当然，破窗效应也不是没有办法破解。威尔逊和凯林认为破窗效应的产生是有前提的：一是出现"破窗"，二是"没有及时修补"。也就是说，只有在"破窗"没有得到"及时修补"的时候，破窗效应才会产生。

破窗效应至少给幼儿园保教工作带来以下几点启示。

（一）环境具有强烈的暗示性和诱导性

我们在日常生活中常常可以见到环境的暗示性和诱导性。比如，在干净的街道上，人们不会扔垃圾；在安静的图书馆里，人们不会大声喧哗；修剪整齐的草坪，人们不会随意踩上去；进别人家一尘不染的客厅，人们会自动套上鞋套或脱下鞋子。但是，如果干净的街道出现了垃圾而没有得到及时的清理，那么很快地上将布满垃圾；如果图书馆的喧哗没有得到及时制止，那么整个图书馆将会变得闹哄哄；如果墙上出现办假证的电话号码，没有得到及时的清理，那么墙上很快就会涂满各种字迹；如果有一个人踏进草坪，没有受到制止，那么一定会有第二个人、第三个人踏进去，等等。这是环境对人的暗示和诱导作用的结果。

在幼儿园里，我们也可以看到环境的暗示性和诱导性。比如，在优雅、文明、整洁的绘本馆或蒙氏活动室里，每个孩子都专注于阅读或自己的工作，一切都井然有序，没有任何喧哗；在整洁、明亮的幼儿园里，孩子们不会随地吐痰，乱扔垃圾，破坏它的和谐美。相反，如果园内环境脏乱不堪，那么随地吐痰、便溺、乱扔垃圾就会随处可见。

案例 4-24　环境暗示

孩子们吃饭时总会把饭菜掉到桌子上，有一段时间杨老师为此感到很苦恼。后来她让孩子们唱节约粮食的儿歌，不断地表扬做得好的孩子，强调孩子们把掉到桌上或地上的饭粒及时清理干净，而不是像过去那样，到最后一起吃完再收拾。这样在干净整洁的环境的暗示作用下，孩子们吃饭都很小心，尽量不将饭菜掉到桌上或地上。即使掉到桌子或地上，也会自觉地弄干净。

因此，我们要为孩子创造一个宁静、整洁、优雅、有序的环境，以便孩子能形成相应的行为和品质。

（二）要有"好窗"

建立"好窗"是避免"破窗"出现的治本之法。"破窗"不出现，也就没有破窗效应了。在建立各项保教活动的常规时，我们要注意其科学性和合理性，让其既有利于孩子们的健康发展，又符合孩子们的需要和身心发展特点，这样，孩子们才不会去轻易打破这些常规。

另外，如果孩子们时常违反活动常规，那么教育者就应该反思：这种常规的制定是否有必要？这种常规是否符合孩子们的需要和身心发展的特点？如果得到的答案都是否定的，那么，就应该停止使用这些常规。当然，没有一项常规是完美无缺或一成不变的，当我们发现常规有纰漏时，就应该及时弥补。否则，因常规的某些缺陷而导致"破窗者"不断增加，会导致整个常规体系的崩溃。因此，在常规建设方面防漏补缺是幼儿教育者应具备的能力之一。

（三）要及时"补窗"

根据破窗效应原理，没修复的破窗将导致更多的窗户被打破。因此，教育者不仅不能做第 N 次打破窗户的人，而且要努力做修复"第一扇窗户"的人。即使无法选择环境，甚至无力改变环境，我们也要努力使自己不要成为破窗者。

1. 教育者不要做"破窗者"

班级制定的常规，要求孩子们做到的，教育者首先要做到。教育者不要做班规的"破窗人"。比如，要求孩子洗手时节约用水，教育者就不能在搓肥皂时一直开着水龙头；要求孩子注意倾听别人的讲话，教育者就要认真听完孩子的讲话，而不能边听边做其他事情。因为孩子们不仅在听老师说什么，而且在看老师做什么、怎么做，并且后者具有更大的持续效应。如小朋友们正津津有味地吃午饭，班上的两位老师也分别从教师餐厅打来了饭菜。她们坐在小朋友中间，和小朋友一起进餐。其中的一位老师对小朋友们说："大家吃饭的时候不要说话。"说完后自己却和另一位老师大声地边吃边聊，还把菜里的葱、蒜挑出来放在桌上。这两位老师在吃饭过程中的"破窗行为"，会让其"言教"效果变成零，甚至为负。

案例 4-25　林老师不排队

在一个初夏的早上，天气较热。半小时的户外早锻炼过后，孩子们已玩得满头大汗。早锻炼结束回教室后，人人感到口渴，大家迫不及待地取茶杯喝水。这时，林老师捧着一大堆孩子们脱下的衣服急匆匆地回到教室，马上拿起茶杯进入盥洗室。孩子们都有序地排队喝水，而林老师没有排队，直接就去接水——先倒了点热水洗杯子。林老师刚倒好水，不知是谁冒出一句话："林老师，你怎么先开热水呢？"林老师没理解孩子的意思，爽快地答了一句：

"茶杯应该用热水消一下毒呀!"林老师边说边又倒了点冷水。当林老师按下饮水器的开关时,只听航航小朋友大声说:"林老师,你怎么不排队?"

周围的小朋友也跟着起哄:"林老师,不排队。""林老师,先开热水。"在孩子们一番热烈的议论声中,浩浩小朋友走到林老师面前不解地问:"林老师,你为什么不排队?你不是告诉我们,人多时候要排队,不能抢先吗?"林老师顿时意识到自己犯了错误。

林老师的"破窗"行为——插队接水,会让孩子们认为接水是可以不按顺序排队的,这会导致日常生活中许多孩子向老师"学习",尝试去打破按顺序接水的"窗"。

案例4-26 谢老师也排队了

休息时,谢老师让孩子们排队去喝水,可队伍总排不好,有几个小调皮总要去"加塞儿",其他的孩子不服气,一个又一个地往前挤。最前面的孩子被挤得站不稳,一下子把水泼在了身上。谢老师扯起嗓门提醒孩子们按顺序排队,可过一会儿又乱了。这时,谢老师也口渴了,端起杯子准备去接水。手碰到水龙头的一瞬间,她下意识地停住了,转而排到了队尾。孩子们看见了,互相交头接耳:"快看,谢老师也排队了。"就这样,队伍慢慢变直了,几个小调皮乖乖地排到了谢老师的身后。

孔子曾说过:"其身正,不令而行;其身不正,虽令而不行。"因此,教师不仅不能做"破窗者",还要做个模范的"护窗者",这样才能更好地发挥"好窗"对孩子们的积极导向作用。

2. 对破窗要及时修补

在保教活动的过程中,假如不可避免地出现第一个"破窗",教育者要争

取在第一时间、第一现场出现，修补"破窗"。否则等到"破窗"多了，局面就难以控制了。

案例 4-27 嘭嘭……

在一次全园家长半日开放活动中，陈老师正指导孩子们看图讲述。突然，一个孩子不慎从椅子上滑下来，椅子倒地后发出"嘭"的响声。当时有许多家长和老师在听课，陈老师很紧张，没有采取任何措施，只是按计划继续组织活动。孩子们见陈老师没说什么，就有意识地把椅子一次次地推倒，教室里顿时响起了一片"嘭嘭"的声音，后来甚至盖过了教师讲课的声音。教学活动再也无法进行下去，教师只好草草收场结束活动。

陈老师的错误在于出现第一个"破窗"时，没有及时对其进行修补。

案例 4-28 小（1）班与小（2）班

中午，在幼儿用餐前，小（1）班的胡老师提醒幼儿用餐时要注意保持桌面干净，告诉幼儿将吃剩的骨头等放在桌上专门用于装骨头的盘中，然后组织幼儿用餐。保育员等幼儿用完餐后，再将桌子擦干净。老师多次提醒幼儿要注意保持桌面整洁，对吃饭干净的幼儿给予及时的表扬，对个别不注意卫生的幼儿给予了批评。

过了一段时间，这个班的幼儿用餐习惯始终不尽如人意。每次吃完饭，桌面都有米粒、菜汤等，吃剩的骨头扔得到处都是，地面也很脏。

中午，在幼儿用餐前，小（2）班的马老师提醒幼儿用餐时要注意保持桌面干净，告诉幼儿将吃剩的骨头等放在桌上专门用于装骨头的盘中，然后组织幼儿用餐。在幼儿用餐的过程中，保育员只要发现桌上脏了，就过去将桌子擦

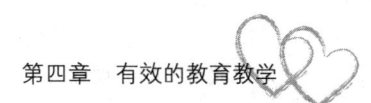

干净，帮助幼儿将骨头等放入盘中。老师对吃饭干净的幼儿给予及时的表扬。

过了一段时间，这个班的幼儿已经基本形成良好的用餐习惯。幼儿能自觉保持桌面、地面的干净，能将骨头等物主动放入盘中。当幼儿不小心将东西掉在桌上、地上时，也能主动捡起来放入盘中。整个班的桌面、地面都比较干净。

小（1）班与小（2）班的生活组织环节极其相似，为什么取得的效果截然不同呢？

小（1）班保育员是等一组幼儿全部用完餐后，才将脏乱不堪的桌面擦干净。对于最初的"破窗"没有及时修补——没有及时制止最初弄脏桌面的孩子，也没有及时清洁桌面。弄脏桌子的孩子可能受到这种环境的暗示，而其他孩子在这样的氛围中也会觉得：反正桌面已经脏了，再弄脏点也没有关系。

小（2）班保育员只要发现桌面脏了，就马上过去将桌子擦干净，帮助幼儿将骨头等放入盘中。保育员对于最初的"破窗"进行了及时修补——随时擦桌子、帮助孩子们将骨头放入盘中的行为，在无声地提醒孩子们用餐时要注意保持桌面卫生。当孩子不小心洒落东西时，也能自觉主动地捡起来。

十、做个温暖的教师——南风效应

案例 4-29 北风和南风，谁的威力大？

法国作家拉封丹曾写过一则寓言，讲的是北风和南风比威力，看谁能把

行人身上的大衣脱掉。北风首先施展威力，刮起了阵阵大风，寒冷刺骨，结果行人为了抵御北风的侵袭，便把大衣裹得紧紧的。南风则徐徐吹动，顿时风和日丽，行人因为觉得暖和，所以便解开纽扣，脱掉了大衣。结果很明显，南风最后获得了胜利。

南风效应便来自上述寓言故事。南风效应（又叫"温暖法则"）告诉我们，温暖胜于严寒。

案例4-30 暖风和冷风，效果不一样

美术活动已经结束很久，爱好画画的玲玲还是没有停下手中的笔，连喝水和上厕所都不去。我反复催促她去，她依旧我行我素，低头画画。于是我提高了声音："再不去我就没收你的画。"她抬头看着我，眼里满是委屈，极不情愿地去喝水了。在接下来的教学活动中，她一直心不在焉。

几天后又是一次美术活动，玲玲还是像上次一样全神贯注地画着她的画，几乎忘记了时间。这次我改变了处理方法，和颜悦色地用开玩笑的语气对她说："瞧我们玲玲，真会节约时间。但是，现在要为下节课做准备了，把手上的画放一放，等有时间的时候再画，好不好？"她很爽快地答应了，把未完成的画放到储物柜里，和其他小朋友一起去做准备，还很高兴地告诉我，等有时间了，她还要画出最美丽的花草、最可爱的小鸟、最慈祥的太阳公公。

在第一次美术活动中，老师用了"冷风"的处理方式——强迫并命令孩子停下自己感兴趣的美术活动，孩子内心产生抵触心理，不服从老师的命令；在第二次美术活动中，老师用了"暖风"的处理方式——表扬、商量、引导，孩子心甘情愿地按照老师的要求去做。

根据南风效应所揭示的原理，在幼儿园保教工作中要注意以下几个要点。

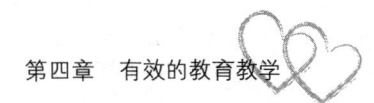

（一）教育者要具有温暖的品质

温暖胜于严寒。教育者要具有温暖的品质。这些温暖的品质包括热情、关爱、尊重、体谅、理解、回应、包容、宽容、支持、鼓励、肯定、表扬、喜爱、信任等。在师幼互动中，教育者要时常通过自己的言语和行为，让孩子感受到温暖。

教师可以通过以下言行来让孩子感受到温暖：

①每天比班上孩子早到班级15分钟，微笑着迎接每一个孩子的到来。

②一个点头、一声微笑、一个拥抱、适时向孩子伸出大拇指、一句亲切的再见……细微之处的关注，带给孩子和家长润物细无声般的温暖。

③每天保持充沛的精力，用积极向上的朝气感染孩子们。

④在孩子们举行比赛时，千万别吝啬你的付出，记得全身心投入为孩子们加油呐喊。

⑤时不时和孩子们开开玩笑，和他们嬉闹。

⑥表扬孩子时可以尝试用身体的接触来代替语言的表达，相信你和小朋友的距离会更近。

⑦午睡时常帮孩子盖被子并轻声告诉他："乖，快点睡，老师喜欢你！"

⑧不吝啬自己的拥抱，可以抱一抱班上的孩子，就像对自己的孩子一样。

⑨"七个不准"，即不准体罚孩子、不准辱骂孩子、不准大声训斥孩子、不准羞辱嘲笑孩子、不准随意当众批评孩子、不准冷落孩子、不准随意向家长告状。

⑩通过同理心让孩子感受到温暖。请看以下情况中师幼的对话：

★幼儿为某事而担心。

（√）是的，可以看出你现在真的很担心。

（×）不要担心，有老师在！

（×）没什么好担心的，是你想多了。

★有的幼儿因为打针哭了。

（√）我知道打针有一点点痛，不过，咬一下牙就挺过去了！

（×）别的孩子在医院打针的时候都不像你这样。

（×）打针又不痛，哭什么哭？！

案例4-31　信任也是一种暖风

马卡连柯是前苏联教育家，他在担任校长期间曾精彩地处理了一件事。一天，他派一个曾经当过小偷却又极其渴望被信任的孩子去几十里外取一笔数额不小的钱。一开始这个孩子不敢相信这是真的，认为校长在捉弄他，他问校长："如果我取了钱后不回来怎么办？"校长回答得相当平静："既然委托你去，那肯定是信任你。"

当这个孩子取回钱请校长数一遍时，马卡连柯说："你数过就行了。"随后就把钱放进了抽屉。由于校长的信任，这个孩子在取钱的路上一直在想，要是有人来抢钱，哪怕有十个人或者更多，他也会拼死搏斗的。

（二）正确对待犯错误的孩子

由于孩子的认知、经验、意志力有限，所以他们犯错误往往会呈现多发性（什么样的错误都有可能犯，甚至一些非常低级的、成人认为不可能犯的错误他们都会犯）、常发性、重复性等特点。教师要心平气和地接受孩子们所犯的种种错误，并采取恰当的方式帮助孩子改正错误，进而将之变成促进孩子不断进步的阶梯。

相反，如果教师总是十分严厉地对待犯错误的孩子，简单粗暴地训斥，当众讽刺、挖苦他们，不但不会收到预期的教育效果，而且会引起孩子的怨恨。当孩子犯了错误时，要冷静处理：既要让孩子知道错误所在，又要让孩子知道犯错误的原因。

案例 4-32 是谁干的？

有一天早点是豆浆和面包。吃完早点，李老师收拾餐具时发现，摞起来的碗中有一只碗里洒出了许多豆浆——满满的一碗豆浆没喝就和空碗放在了一起。李老师端起剩下的豆浆，很生气地问小朋友："是谁还没喝完豆浆，就把碗放到了这里？"小朋友们看见老师生气的样子都说："不是我放的……"无论李老师怎样问，小朋友们都是同一个答案——"不是我干的。"

李老师越来越生气，大声地吼道："要是没人承认，以后全班都不要吃早餐了！"小朋友们都被吓得不敢出声。

咆哮、生气、发怒——这种严厉的"寒风"只能让孩子们感到恐惧不安，而不能让孩子们承认错误，更不能让孩子们认识和改正错误。

案例 4-33 老师献给你一朵玫瑰花

前苏联著名教育家苏霍姆林斯基讲过这样一个故事：一个孩子在学校花园里摘了一朵玫瑰花，被老师发现后，他眼泪汪汪地对老师说，他的外祖母病得很重，他想把这朵玫瑰花献给外祖母。老师把他领进办公室，十分动情地对他说："你这样小小的年纪就懂得孝敬老人，你的心灵真是太美了！你这种美德使我很感动，因此，老师也献给你一朵玫瑰花！"接着这位老师又说："至于你摘学校花园里的玫瑰花这件事，千万不要告诉你的外祖母，因为她老人家听了要生气的。关于乱摘校园里的花的赔偿问题，老师先代你赔偿好了。"

上述案例中的老师透过"偷花"这一违纪行为的表象，看到了孩子"懂得孝敬老人"的美德，并给予肯定和鼓励。普通老师一旦发现孩子"偷"的违纪行为就会自动为其贴标签，然后就是批评一番。事实上，孩子"懂得孝敬老人"的美德比任何一朵花都有价值。

（三）差生更需要"南风"

好孩子是夸出来的。差生之所以差，许多时候是教育批评太多、打击太多所致。因此，老师平时要多给差生吹吹暖风——多发现他们的好，多从积极的角度看待他们，多肯定他们。

差生的行为很容易反复，因此，教育差生一定要有足够的耐心和平常心——要保证"南风"长吹而不浅尝辄止。差生的一些不良行为和习惯是长时间养成的，有一定的顽固性，因此，他们不仅对教育中的"寒风"有很强的抵触心理，而且对"暖风"也有一定的麻木性。教育者如果不了解差生的这些特点，就很容易对自己的工作失去信心，觉得自己投入那么多的时间、精力甚至情感，却得不到相应的回报。因此，要使差生真正出现转变，教育者一定要有足够的耐心，保持"南风"长吹不停。

案例 4-34　长吹暖风令心宇发生改变

我很愿意记住班上小朋友的名字，和他们交朋友。小（2）班新来了一个孩子，名叫心宇。每次看到她，我都主动与她打招呼，可她很不友好，对我不理不睬。班上老师对我说："心宇的脾气很犟，不喜欢和人交流。"

有一天，天气比较冷，我到班上照看小朋友起床，发现心宇在艰难地穿裤子。当外裤穿好后，里面的长裤全卷到了大腿上。我走过去，亲切地对她说："我帮你好吗？"边说边教她用袜子套住内裤脚，最后穿外裤，这样，里面的裤子就不会缩到大腿上了。她按我教的方法穿好了裤子。

几天后,我经过小(2)班课室,突然听到心宇向我打招呼:"园长好!"我高兴极了,马上走过去说:"心宇好!我们做好朋友好吗?"心宇高兴地点了点头。以后,我们真的成了好朋友。

上述案例中园长的成功在于她持之以恒地向心宇吹"南风",最终让心宇感受到了温暖。

(四)暖式教育和其他教育方式相结合

任何一种教育方式都不是万能的,对一些比较顽固、屡教不改的孩子,暖式的教育方式可能起不到应有的作用,反而让他们觉得是对自己的一种纵容。暖式教育并不是一味地用温暖的方式去感化孩子,而是要严慈并重,必要时也需要批评,但需要注意的是,即使批评,也要让孩子感受到老师的温暖,不伤害孩子的自尊心,不打击孩子的自信心,要对事不对人,要让他们为自己的行为承担后果。

教育的对象是孩子,每个孩子都有一颗向善、向上的心,在保教活动中要尊重孩子,运用和风细雨式的引导教育,真诚地对待孩子,让孩子时常感受到教师的温暖,从而使得孩子主动配合,增强自我完善的意识,激发孩子不断向上的热情。

十一、给孩子们一个良好的环境——泡菜效应

泡菜效应的含义是:同样的蔬菜在不同的水中浸泡一段时间后,分别在

相同的条件下煮这些蔬菜，它们的味道是不一样的。正如人们常说的"近朱者赤，近墨者黑"，在不同的环境里，由于长期的耳濡目染，人的性格、气质、素质和思维的方式等方面都会有明显的差别。

"泡菜效应"揭示了"人是环境之子"的道理，环境对人的成长具有不可抗拒的影响。人在幼年时期对环境的感知特别是对精神环境的感知更为敏感，染黑则黑，染黄则黄。因此，我们要注意为孩子创造良好的精神环境，让他们长期浸润在健康的环境里，获得健康的发展。那么，幼儿教育者应该为孩子创设什么样的环境呢？

（一）爱

幼儿园应该是一个充满爱的地方；幼儿园里的每个人都应发自内心地关爱周围的人，关爱一切生命；幼儿园的每个角落都应该充满关爱的气息。在营造爱的氛围的过程中，园长、教师应起主导作用。富有爱心的园长，才能打造出富有爱心的幼儿园；富有爱心的老师，才能营造出富有爱心的班级氛围。当然，在这种环境里成长的孩子，自然地获得了别人的关爱，同时也学会了关爱别人。爱应该成为幼儿园教育的底色，没有了爱，幼儿园教育就会失去教育的基础，迷失教育的方向。

1. 爱一切生命

爱一切生命包括爱每一个人，爱护花草树木，甚至爱护一切蚁虫。在孩子们面前，不要无情地消灭人类以外的其他生命。我们可以采取驱赶的方式来减少它们对人类的伤害，而不应采取消灭的方式来对待它们。

2. 让孩子真实地感受到周围的爱

许多幼儿园总是把关爱寄托在远方——时常组织教职工和孩子为福利院、敬老院献爱心，时常组织孩子为灾区、贫困山区献爱心，可是很少组织教职工和孩子为本园、本班遇到困难的孩子献爱心。只有让孩子真切地感受到周围暖融融的爱，爱才会在他们内心扎根，才会成为他们的一种习惯。

3. 爱应该成为每个人的一种习惯

我曾经看到过这样一个例子：

案例4-35 向孩子们乞讨的老乞丐

在幼儿园里，老师正和孩子们玩"闯关"的游戏。"啊！"一个女孩子突然尖叫起来。只见操场边上，一个手持拐杖的乞丐正一瘸一拐地向孩子们乞讨。"行行好吧！行行好吧！"孩子们四散逃开，有的眼里还流露出厌恶和鄙夷的神情。但那个老人还是苦苦地哀求着。一个男孩将易拉罐扔进了乞丐手中的铁罐子里。老人的手一抖，罐子差点掉下来！这时年轻的老师远远地大吼一声："干什么？老头子出去！"老人惊恐地拄着拐杖，一瘸一拐地离开了。在幼儿园门口，园长皱起眉声色俱厉地将这个可怜的乞丐驱逐了出去。门卫冲着乞丐的背影大声呵斥："下回再来，打断你的另一条狗腿！"幼儿园的铁门严严实实地关上了，孩子们依然在笑啊、闹啊……

爱应该成为每个人的一种习惯。爱不仅在园里，更在园外。只有园里、园外都表现出富有爱心时，爱的教育才是成功的。

4. 师爱应该是神圣的和无条件的

教师对幼儿的爱应该是神圣的和无条件的，但我在幼儿园里时常看到老师的爱"被收买"了。

案例4-36 "被收买"的教师

一位网友时常给幼儿园老师送礼物，每次老师都坦然地、毫不客气地收下了。投桃报李，她的孩子也受到了一些照顾。后来，因忙于工作，有一段时间她没顾得上给老师送礼。某天，孩子放学后很委屈地对她说："妈妈，老

师现在对我不好了。"她听了心里难受,赶紧买了礼物给老师送去。随之她的孩子又得到了好的照顾。

与此形成鲜明对照的是,另一位网友的孩子在日本上幼儿园,老师对孩子的照顾无微不至。他回北京时,顺便给老师带了一盒茶叶,可老师说什么也不收,并告诉他照顾孩子是她的本职工作,心意领了,但礼物坚决不能收。

师爱是神圣的,同时又是无价的,师爱不可以被收买,通过"交换"而显露出来的所谓师爱,不是我们要彰显的爱。这种功利性的爱不仅不利于孩子的健康成长,而且还会影响孩子的健康成长。

5. 爱应该发自每个人心灵的深处

爱,不仅体现在幼儿园宣扬的标语口号上,而且体现在幼儿园全体教职工和幼儿内心认同的价值观和行为方式上。只有深入每个人的心灵深处,并在行动中自觉表现出来的爱,才是教育追求的最终结果。我曾在一所门口张贴有"爱孩子是我们的天职"标语口号的幼儿园,见到一个男孩站在门口不远处大哭了20多分钟,却没有人安慰他:园领导匆匆地从他身边走过,没有管他;老师们觉得他不是自己班的孩子,也没有理他;小朋友们走过的时候,对在哭泣的小伙伴做鬼脸……这些都说明,爱,只是该园贴在墙上的标语口号而已,没有真正深入他们的心中,更没有变成每个人的行动。

(二)尊重

在幼儿园里应该营造一种相互尊重的心理氛围。相互尊重的理念应该进入每个人的心灵深处,渗透到幼儿园的每一项活动中。让生活在幼儿园的每个人都过一种有尊严的生活,每个人都得到充分的尊重。尊重应该是无条件的——不要因为他犯了错误就不尊重他,不要因为他出身低微就不尊重他,不要因为他不聪明就轻视或忽视他。这里特别强调对弱势群体的尊重,如何对待他们考验着我们的良知,同时也是社会文明程度的反映。对照以下八条要点,看看你做得如何。

①所有的人都有充分表达自己观点和意愿的机会。

②不同的观点、不同的行为方式在幼儿园里都应受到充分的尊重。

③在幼儿园里,没有人会因为任何原因成为大家取笑的对象。

④在幼儿园里,不管是成人还是孩子;不管是领导,还是普通员工,每个人在人格上都是平等的。

⑤重要的不是形式上的"弯腰蹲下和孩子交流",而是心灵上、人格上与孩子的平等。

⑥幼儿园里应该流行这种温暖人心的做法:"如果他做得好,那么你就大声地告诉别人;如果他做得不好,你就只小声地告诉他自己。"这种温暖的做法体现了对别人的尊重。

⑦不要滥用"少数服从多数"的策略来处理问题。因为"少数服从多数"有可能会变成多数人对少数人的不尊重。

⑧任何批评惩罚都不能指向孩子的身体、尊严、人格、心灵、能力,否则这种做法就是反教育的。

(三)勇敢

在幼儿园里应该营造一种无论碰到什么困难都要勇于面对、绝不逃避的心理氛围。如天气冷了,不仅要适当地增加衣服,而且要积极迎接大自然的挑战——外出活动身心,增强身体的御寒能力。这不仅能提高身体素质,而且能培养坚强勇敢的品质,让孩子从小有"迎着风雨去战斗"的精神和气魄。

①教师应该是勇敢面对困难的楷模。

②让孩子有直面困难甚至困境的机会。

③让孩子有和教师一起面对困难的机会。

④幼儿园里应该形成这样一些流行语:"有困难,我们一起努力去克服!""我们一起去迎接××的挑战!""我们是勇敢的××!"……

(四)快乐

幼儿园应该是一个充满快乐的地方。园长们在管理工作中获得快乐,教师们在保教工作中获得快乐,孩子们在学习、生活中获得快乐。为此,幼儿园应该努力创造一种快乐的文化氛围,每个人都努力让自己快乐,同时也让他人快乐。对于幼儿教师而言,在孩子们面前表现出快乐的心情是职业习惯的要求。要知道教师不快乐,幼儿怎么能快乐起来呢?因此教师要学会调整自己的情绪,不要在孩子们面前动不动就发脾气,表现出愤怒、忧郁、闷闷不乐、凶巴巴的样子。

人总是喜欢和那些能够给自己带来快乐的人在一起。快乐是一种能力,能够把笑声带给别人的人,有一种能力,叫感染;喜欢把痛苦带给别人的人,也有一种能力,叫传染。幼儿园领导和教师应该努力创造一种快乐的氛围。

1. 学会欣赏

人在内心深处总是渴望得到别人的赏识。园长要用欣赏的眼光看待教师,教师要用欣赏的眼光看待幼儿。每个人都能以欣赏的眼光看待别人,那么,他们看到的都会是积极的一面。基于这样的认识,园长要不断发现教师的优点,并且不断地告诉教师"你××方面表现得真不错!"教师要不断发现幼儿的优点,并且不断地告诉幼儿"你今天××方面表现得真不错!"

2. 富有童心

园长、教师要富有童心,要和小朋友一起唱歌、跳舞、追逐、嬉闹,参与他们的活动,同他们一起专注、好奇地观察各种事物,比如搬运食物的蚂蚁,这样才能真正与孩子融合在一起。

3. 注意积累快乐资源

为了给师幼互动带来更多的快乐，教师平时要注意积累快乐资源。快乐的资源丰富了，教师就可以随时随地给孩子们带来快乐。我建议幼儿教师能够掌握60个快乐小游戏——小班、中班、大班各20个小游戏，不需要特别的场地和材料，可以随时随地与孩子们玩耍；掌握60个幽默小故事——小班、中班、大班各20个幽默小故事，教师只要讲一讲这些小故事，就能给孩子们带来无穷的想象和快乐；另外还要掌握30个小魔术、30个快乐小舞蹈、30首快乐儿歌等。快乐的资源变得丰富了，教师就可以随时随地给孩子们带来快乐。

4. 要有游戏的心态和游戏精神

游戏是孩子的一种生活、生存方式。在孩子眼里，什么都是可以拿来游戏的。他们的生活充满着趣味性，他们往往以游戏的心态来对待所面临的一切，包括生活、学习、工作。他们的思维方式常以游戏的形式展开。因此，教师必须有游戏的心态，才能融入孩子的生活。

案例4-37 "怕疼"的老师

在小班的"儿童医院"中，毛毛和欢欢在玩游戏，他们的任务是给全班的小朋友注射预防感冒的疫苗。在全班幼儿差不多都被注射过后，毛毛把目光转向了周老师，然后说："周老师，请你来医院注射疫苗！"虽然周老师正忙着与一个孩子讨论画的颜色，但还是微笑着对她说："什么疫苗呀？""就是冬天天冷不感冒的疫苗。""真的吗？我可是最不喜欢感冒啦！我要注射！"周老师说着把手伸给毛毛，问："疼不疼呀？我很怕疼！""不疼，一会儿就好！"毛毛说着就开始忙活起来。

在打针的过程中，周老师先是装出很勇敢的样子，然后学孩子的样子，挣扎着哭喊道："痛死我了，痛死我了！"孩子们看到老师打针的样子，都

开心地笑了。然后好几个小朋友走过来安慰周老师:"不疼,不疼,一会儿就好了!"

总之,根据泡菜效应原理,我们应该在幼儿园创造具有爱、尊重、勇敢、快乐的心理环境,让孩子们每天都能感受到爱、尊重、勇敢和快乐,进而树立爱的意识、尊重的意识、勇敢的意识和快乐的意识,形成爱的能力、尊重的能力、勇敢的能力和快乐的能力。

十二、别让孩子成为最后受气的那只猫——踢猫效应

踢猫效应是指人的不满情绪和糟糕心情一般会沿着社会关系链条依次传递,由强者传向弱者,无处发泄的最弱小的对象,则容易成为最终的受害者。踢猫效应源于这样一个故事:

有一位父亲在公司被老板批评了一通,心情很不好,回到家就把在沙发上跳来跳去的孩子臭骂了一顿。孩子心里很不高兴,于是狠狠地朝身边打滚的猫踹了一脚……

一般来说,人的情绪会受到环境以及一些偶然因素的影响。当一个人的情绪变坏时,通常都会选择级别比自己低的或无法还击的弱者作为发泄对象。受到强者情绪攻击的人又会进一步寻找自己的出气筒。这样就会形成一条清晰的愤怒传递链条,最终的承受者——"猫"是最弱小的群体,也是受气最多的群体,因为也许会有多个渠道的怒气传递到这里来。

踢猫效应告诉我们:不良情绪会影响人们的行为;不良情绪是需要发泄

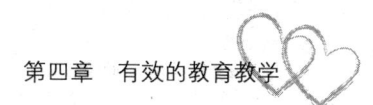

的;不良情绪会在人与人之间传递;不良情绪的传递往往是由强者传向弱者。根据踢猫效应所揭示的原理,为了避免幼儿园的孩子成为那只最后受气的猫,幼教工作者可以按照以下几点要求去做。

(一) 数数

当你生气时,请从1数到10。如果数到10还在气头上,那么,请继续数到100。教师可以利用这种方法帮助自己稳定情绪。

(二) 停止一切师幼互动

有些人说:"生气时,不跟孩子们说话就好。"我要说的是——仅仅不说话是远远不够的。当你生气时,应该停止与孩子的一切互动,包括不说话、把愤怒的视线从孩子的身上移开,等等。因为虽然没有责骂孩子,但你的神情姿态仍然有很大的杀伤力,甚至比语言更具有杀伤力。一个孩子被你恶狠狠地瞪上几次,所带来的心灵伤害可想而知。

(三) 请情绪假

教师因家庭突发事件而情绪失控,可暂不带班活动;教师在处理与同事、家长、园长的矛盾中情绪失控,可暂不带班活动……其带班工作可由其他教师暂时顶替。该教师可以去做些不直接面对孩子的工作,以调整其心态。请情绪假可避免教师将不良情绪传递给孩子,甚至做出伤害孩子身心的事。

(四) 不要把不满的情绪发泄在孩子身上

有时候,教师在与幼儿园同事、领导处事的过程中,在家园互动的过程中,会对某些人产生不满甚至愤怒的情绪。教师万万不可将这些不良情绪发

泄在孩子身上，以免影响孩子的身心健康。

案例 4-38　千万别饿着了

在一次幼儿园实习中，我亲眼目睹了这样一件事情：老师用恐吓的方式逼迫幼儿吃饭。在孩子们准备吃午饭的时候，老师揪住一名幼儿的衣领怒斥道："这次你一定要把饭吃完，一粒都不能剩下，再让我看到你妈妈跑来幼儿园告状，我就把你丢出我们班。"这时候保育员插了一句："是呀，你妈妈说，我们不给你饭吃，都把你饿出病来了，这次你一定要把这碗饭吃完！"说完就给了他一碗满满的米饭。这时候那个孩子已经被吓哭了，他哭着走到自己的位置上，老师还不肯罢休，喊了一句："不够吃再来添，千万别饿着了。"说完那两位老师就一起大笑起来。这个孩子在下面边吃边哭，其他的孩子也在一边起哄……

教师对孩子或者家长有意见，可以通过沟通的方式，达到相互了解和相互理解，而不应该将小小的误会转变成情绪的发泄。

案例 4-39　负面情绪传递

在园长室，韦教师说她有要紧事，想请假早走 1 小时。园长说："改到周末吧，事情有这么忙吗？"韦老师说："我实在有要紧事。"园长说："你的事要紧，园里的事难道就不要紧？"韦老师闷闷不乐地回到了教室。

放学时间到了，家长们来接孩子。韦老师一脸不耐烦的表情，家长们望而生畏，匆匆离去。红红还没有人来接，韦老师说："烦不烦啊！以后让你妈妈早点来！"红红正在玩布娃娃，她突然把娃娃扔在地上，用鄙夷的表情说："烦不烦啊！烦不烦啊！"

在上述案例中，韦老师将自己的负面情绪向红红发泄，红红又将负面情绪向布娃娃发泄。表面上看，红红的气好像消了，但韦教师的这种做法会在红红的内心留下心理阴影，这不利于红红自我情绪的管理。

（五）让不良情绪以不伤害他人的方式宣泄出来

有了不良情绪，一定要通过适当的方式宣泄出来，要不然对身心健康不利。同时，不良情绪积聚过多，迟早也会集中爆发出来，到时候产生的影响会更大。因此，教师可以通过向朋友倾诉（面聊、网聊等）、参加娱乐活动（外出旅游、看电影、下棋等）和体育活动等方式，将不良情绪宣泄出来，这有利于减轻心理压力，避免教师将孩子们当作最终受气的猫。

十三、坚持 21 天成就孩子的良好习惯——21 天效应

在行为心理学中，人们把一个人的新习惯或理念的形成并得以巩固至少需要 21 天的现象，称为 21 天效应。这是说，一个人的动作或想法，如果重复 21 天，就会变成习惯性的动作或想法。

21 天效应的理论基础来源于一位整形医学专家马尔茨博士。他发现对于截肢患者来说，在手术后的头 21 天中，他们往往不适应已经失去的部分身体，仍然能"感觉到"它的存在。而 21 天过后，他们就不再无意识地要去"使用"它了，已经习惯了截肢后的状态。

马尔茨博士将这个临床发现公之于众后，人们渐渐认同了他的观点。大量事例证明，绝大多数人可以利用 21 天的时间，打破或养成一种习惯。这个过程通常要经历充满信心的开始、让人精疲力竭的坚持期、难熬的过渡期等，

但最终可以有志者事竟成。

根据21天效应所揭示的原理,在培养孩子的行为习惯和信念方面应注意以下三点。

(一) 要有足够的耐心和信心

任何新理念、新习惯的形成,任何旧理念、旧习惯的消除,至少都需要21天甚至更长的时间,因此,我们对促进孩子行为、观念上的变化要有足够的耐心,不要急于求成——许多行为、观念在训练的过程中可能会出现反复,也可能会出现强烈的反弹甚至反抗。

有的幼儿教师经常感叹"朽木不可雕也",有的幼儿教师常有"恨铁不成钢"的想法。实践证明,只要不断重复,习惯、理念都是可以改变的。当然,改变理念、改变习惯会是一件让人觉得不情愿的事。但不管怎么说,人的行为是按理念、习惯行事的,不良的理念、习惯不改变,就可能产生不良的行为后果。

反思我们的保教工作,孩子的许多不良行为习惯、错误观念难以改变,新理念、新习惯难以形成,与我们没有按照规律办事有直接的关系。因此,应科学地应用这一规律,耐心地对孩子们进行理念和习惯的培养。

(二) 既要练习,又要坚持

小班入园头一个月是训练班级常规的关键期,教师要多花时间和精力来建立良好的班级常规。班级常规建立好了,以后的班级保教活动就能有序高效地开展,否则,班级活动什么时候都是乱糟糟的,很难取得预期的效果。

因此,教师一定要记住,新生入学头三个月的主要任务是班级常规的建立。教师可以通过实践体验、语言讲解等方式,让孩子们清楚地了解各项常

规要求，促使他们发自内心地认可常规，进而增强他们遵守常规的内在动力。

（三）不妨试试

教师可以在保教工作中，尝试应用21天效应原理。

1. 幼儿期孩子需要建立的行为习惯

① 学会使用礼貌用语：谢谢、不客气、早上好、再见等。

② 学会微笑。

③ 学会优雅地吃、喝、站、坐、走。

④ 不乱翻别人的东西。

⑤ 不随便打断别人说话。

⑥ 不给别人添麻烦。

⑦ 不乱扔垃圾，不随地吐痰。

⑧ 整理好自己的物品。

……

通过21天的训练，让孩子成为文明优雅的人。

2. 幼儿教师需要建立的行为习惯

① 不说"不可能"。

② 遇到问题的第一反应：找方法，不找借口。

③ 遇到挫折时对自己说声："太好了，机会来了！"

④ 不说消极的话，不陷入消极的情绪。

⑤ 凡事先制订目标。

⑥ 行动前，预先做计划。

⑦ 用零碎的时间做零碎的事情。

⑧ 把重要的感觉、方法写下来，随时提示自己。

⑨ 肢体语言健康有力，不懒散、不萎靡。

⑩ 经常保持微笑。

⑪ 每天自我反省一次：今天收获了什么，工作的哪些方面还需要改进？

⑫ 每天有意识地赞美别人。

⑬ 每天做一件助人的事。

……

在这21天当中，你每时每刻的心之所想、口之所言、行之所至都要专心成为你想成为的人，符合心目中理想人物的要求。相信经过21天的训练，你能成为积极向上、快乐的幼儿教育工作者。

十四、努力成为孩子们的"自己人"——自己人效应

美国最伟大的总统林肯曾说过一段颇为精彩的话，他说："一滴蜜比一加仑胆汁能够捕到更多的苍蝇，人心也是如此。假如你要别人同意你的原则，就先使他相信：你是他的忠实朋友，即'自己人'。用一滴蜜去赢得他的心，你就能使他走在理智的大道上。"

自己人效应，也称同体效应，是指对方把你归为同一类人，是知心朋友，因此更加相信你并更容易接受你所说的话。在人际交往中，如果双方认为彼此有紧密的关系，那么，一方就会更容易接受另一方的想法。

心理学家曾经做过一个实验：让被试看过两幅画后表达自己喜欢哪一幅画，然后根据喜欢的画，把被试分成两组。有意思的是，被归在同一组的被试对自己组的人更有认同感，虽然他们对同组人的其他方面并没有任何了解，但是他们愿意为同组的人争取利益，也更信任同组的人。

人们会很自然地对人进行分类，并识别哪些人是自己的同类，愿意在同类人身上花更多的时间，因此同类人就能获得更多的信任。在幼儿园也不例外，如果孩子觉得教育者不是"自己人"，那么就会对教育者有更多的戒备心，甚至会对教育者说谎。因此，为了更加有效地对孩子进行教育，教育者要努力成为孩子们心中的"自己人"。

（一）给孩子讲自己过去的事

教师可以跟孩子聊聊自己类似的经历，比如，"老师小时候也尿过床。""老师小时候也很喜欢……""老师小时候打针也哭。""老师小时候也害怕……"让孩子知道老师也曾有过类似的幼年经历，这样能够有效地缩短师幼之间的心理距离。

案例4-40　老师小时候也这样

午餐时间，小龙刚想坐下来吃饭，不小心把一碗汤洒了。看到桌上、地上都是汤，同桌的小朋友不停地嚷嚷着要告他的状，小龙愣愣地站在那里一言不发，显得很紧张。我看到后并没有慌乱，也没有怒气冲天，而是拍拍小龙的肩膀说："没关系，老师小时候也会不小心洒汤的。"小龙眼睛一亮，说："真的吗？"我微笑着点点头。接着小龙解释道："老师，我刚刚是不小心把碗碰翻的。"我用温柔的眼神看着他说："嗯，我知道，以后要小心点儿，动作幅度不要太大哦！"

饭后自主活动期间，我把小龙和其他孩子召集起来，针对洒汤一事进行了交流。我问孩子们："我们该怎样来解决洒汤这个问题呢？"有孩子说："吃饭要专心，不能动来动去。"还有孩子说："拿碗的时候要小心，碗要拿牢。"小龙也举手说："动作要慢一点儿。"孩子们各抒己见，想出了很多办法。接着我对他们说："我们每个人都会有不小心的时候，老师偶尔也会这样。没关系，

只要我们想办法避免就好了。刚才我们想了很多好办法,希望你们以后吃饭的时候都能做到。"孩子们点点头,从他们的眼神中我感受到了信任。

几天后的午餐时间,我听到小龙从盥洗室里出来对小朋友说:"我们一会儿坐下来,动作慢一点儿,这样汤就不会洒了。"这时,我对着小龙伸出了大拇指,小家伙开心得不得了。

运用"自己人效应",就是要让幼儿感受到老师是理解他的,和他站在同一个立场,能够从他的角度思考和解决问题。教师要想取得幼儿的信任,首先要缩短彼此的心理距离,与之处于平等地位,给予爱和尊重,这样才能让幼儿把教师当作"自己人",更容易接受教师的建议,养成良好的习惯。

(二)以同理心认同孩子的情感体验

当孩子情绪不佳时,教育者可以通过"……,我知道……"的句式来表达感受,让孩子明白你理解他、支持他,比如"你的小鸟死了,老师知道你很喜欢小鸟,小鸟死了让你很伤心!""小冬抢走你的玩具,我知道你很生气。""……,我知道你很难过。""……,我知道你想妈妈!"这样,孩子就会认为老师是站在自己一边的,因而很容易将老师当作"自己人"。

当孩子出现不良情绪时,教师不应该否定他们真实的情绪体验。我们常听到教师对孩子说:"你不要担心!""请你不要生气!""你不要那么害怕!其实没有什么好怕的!"事实上,"担心""生气""害怕"都是孩子真实的情绪体验,如果教师对此予以否定,那么孩子会觉得老师不是"自己人",在情绪上与老师对立,甚至还会加重幼儿的负面情绪。

(三)培养与孩子共同的兴趣

要想成为孩子们的"自己人",教师就要培养与孩子共同的兴趣,这需要

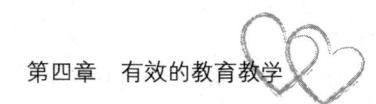

教师富有游戏之心、好奇之心，以单纯的心态投入孩子的活动中，与他们一起探索自然界和人类社会的各种奥秘。

案例4-41 和我们玩，你才是我们的朋友

孩子们上了中班后，慢慢都有了自己的好朋友。在一次户外活动时，小蓉跑来问我："蒋老师，你有没有好朋友啊，你的好朋友是谁啊？"我笑着回答道："我的好朋友是你们啊！"骁骁忽然大声说道："老师是老师，老师不是朋友；要是朋友，你为什么不和我们荡秋千、玩攀岩啊？""对啊，为什么呢？"小朋友们开始议论起来。我一时不知如何是好，这时张铭哲跑来拉我的手，说："老师，我们一起去玩滑梯吧！"说完，不由分说地拉我来到滑梯前，看着孩子们期待的目光，我勇敢地爬上了滑梯。虽然我的身体和小小的滑梯看起来是那么的不协调，但是看到小朋友们高兴的样子，我感到很幸福。因为我在他们心中不再是那个遥不可及的老师。我变成了他们中的一员，变成了他们可以信赖的朋友。那次活动后，我和小朋友们的心更近了。我常常以朋友的身份和他们交流，引导他们正确地和朋友相处，认识朋友间的友情。

小朋友们愿意把我当成他们的大朋友，和我一起玩，和我分享他们的小秘密。有时他们会突然走到我身旁，在我身上挠痒痒，又嬉笑着跑开；有时他们会悄悄走到我身后，蒙住我的眼睛，让我猜猜他是谁……那时，我的心中被甜蜜和快乐包围着。这不就是一种平等、融洽的师幼关系吗？

（摘自一位教师的教育笔记）

成为孩子们的"自己人"其实并不难。有时孩子们从你所做的一件事情开始认可你、信任你，以后就会更加信任你，你就成了他们的"自己人"。当孩子把教师看作"自己人"、知心朋友时，师幼之间就很容易在情感上产生共鸣。孩子们就会更加信赖教师，对教师组织的各项活动也会更加感兴趣。

十五、教育要注意适当的度——超限效应

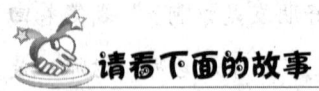

案例4-42 一则超限效应的故事

俄国作家克雷洛夫写过一篇寓言，叫《杰米扬的汤》。大意是：杰米扬是一个过分好客的人。有一天，一位朋友远道而来，杰米扬非常高兴，就亲自下厨熬了一大盆鲜美的鱼汤来招待朋友。朋友喝了第一碗后，觉得很不错，并夸杰米扬的厨艺不错。杰米扬劝他再喝第二碗。第二碗下肚后，朋友感觉有点儿不舒服，可杰米扬没有觉察，仍然一个劲儿地"劝汤"。朋友终于忍无可忍，丢下碗，拂袖而去，杰米扬愣在那儿，大惑不解……

心理学将这种由于刺激过多、过强或作用时间过长而导致的极不耐烦甚至排斥、反抗的心理现象，称为超限效应。我们知道，任何人接受某种刺激都是有一定限度的。对于那些于己不利的刺激，人们接受的限度是显而易见的（绝不接受）；而对于那些能够满足我们某种需要的刺激，人们接受起来也是有一定限度的。如果超过了一定限度，会使人在心理上和情感上产生根本性的逆转——由原来的赞成、接受、欣赏变为反对、拒绝和逃避。

根据超限效应所揭示的原理，我们在幼儿园保教工作中应该注意以下两点。

（一）要把握教育教学工作的"度"

心理超限对孩子学习和生活的危害是显而易见的。第一，会引起孩子的厌烦情绪，造成心理压力；第二，会使孩子产生对抗或逆反心理，造成师幼关系紧张；第三，会严重挫伤孩子活动的积极性和兴趣，影响活动的效果。

因此，任何教育教学工作都应该把握一定的度。如果"过度"就会产生超限效应；如果"不及"又达不到既定的目的。只有掌握好"火候""分寸""尺度"，才能"恰到好处"，才能避免"物极必反""欲速则不达"。要帮助学生避免或克服超限效应，教师必须注意以下五点。

1. 把握好时间的度

时间上的过"度"表现为：活动形式单一、活动内容单一、单次活动持续的时间过长，导致孩子对相关活动失去了兴趣，进而产生厌烦的情绪。

案例 4-43 哭泣的小河

危老师给小朋友讲《哭泣的小河》的故事，呼吁大家树立环保意识。危老师说："原本清澈的小河变得黑乎乎的，而且充满臭气，小河伤心地哭了起来……"小朋友们在下面交头接耳，说起话来。危老师说："请安静！"小朋友们随声附和："我安静！"可是小朋友们还是管不了自己，课堂上一片喧闹。

危老师提高了声调说："小朋友们，请安静！"大家稍微安静了一些。危老师又说："小河哭了起来……"危老师才讲了一句，小朋友又开始说起话来。危老师说："请你跟我拍拍手！"只有部分小朋友跟老师拍起手来。小朋友们静不下来，没办法，危老师只好宣布下课。

危老师失败的原因在于她一直想用单一的"讲授"方式来对孩子们进行环保教育。孩子们注意力持续的时间是非常有限的，一旦老师"讲授"时间

长了,孩子们就会感到厌烦。

2. 把握好内容的度

受"不要让孩子输在起跑线上""教育要从娃娃抓起"等口号的影响,许多幼儿园里出现了课程严重超载的现象,特别是一些"好幼儿园",孩子从早上 7:30 入园,到傍晚 19:00 才能离园。孩子在园里除了要应付上、下午的正规教育活动外,还得应付幼儿园和家长为他们选择的兴趣班活动,比如,英语、珠心算、电脑、钢琴、舞蹈、书法、游泳、艺术体操、足球、围棋、读经等。"望子成龙,望女成凤"心切的家长,让孩子每天进出各种兴趣班,连双休日也不例外……

另外,还有许多活动打着"园本课程""办园特色"等旗号,变成幼儿园课程的一部分,造成幼儿园课程超载。这反映了幼儿教育者(包括家长在内)对幼儿阶段应该学什么、不应该学什么比较模糊。许多人认为只要孩子能学会,不管什么内容都是"有用"的,加上相关政策法规对幼儿该学什么、不该学什么并没有明确的界定,因此幼儿园课程超载就成了必然。

幼儿应该学的是对其现在及今后发展起到关键作用的知识、技能和态度。那么,哪些知识、技能和态度才是关键经验呢?下面我们将美国高瞻(High/Scope)教育科学研究所建立起来的、颇具特色的幼儿认知发展课程中所罗列的关键经验介绍给大家,以便大家在研发课程时参考。这些经验以皮亚杰的认知发展理论为基础,吸收了现代教育学和心理学的研究成果。

● 主动学习的关键经验

○ 动用所有的感官主动地探究。

○ 通过直接经验发现事物之间的关系。

○ 操作、转换和组合各种材料。

○ 选择材料、活动和目的。

○ 掌握使用工具和设备的技能。

○进行大肌肉活动。

○自己的事自己做。

● **语言运用的关键经验**

○与别人交流自己有意义的经验。

○描述物体、事件和事物之间的关系。

○用语言表达情感。

○由教师把幼儿的口头语言记录下来并读给他听。

○从语言中获得乐趣：念儿歌、编故事、听诗歌朗诵和故事讲述。

● **创造性表征的关键经验**

○通过听、摸、尝和闻来认识物体。

○模仿动作。

○把图片、照片以及模型与真实的场景和事物联系起来。

○玩角色游戏和装扮活动。

○用泥、积木等材料造型。

○用不同的笔绘画。

● **发展逻辑推理的关键经验**

○分类

○探究和描述事物的特征。

○注意并描述事物的异同，进行分类和匹配。

○用不同的方式使用和描述物体。

○描述事物所不具有的特征或不归属的类别。

○同时注意到事物一个以上的特征。（如：你能找到既是红的又是木头做

成的东西吗?)

○区别"部分"和"整体"。

○排序

○比较:哪一个更大(更小)、更重(更轻)、更粗糙(更平滑)、更硬(更软)、更长(更短)、更高(更矮)、更宽(更窄)等。

○根据某种特征来排列物体,并描述它们之间的关系(最长的、最短的等)。

○数的概念

○比较数和量:多或少;更多或更少;数目一样多。

○用一一匹配的方式来比较两个数群的数量(饼干和小朋友的数量是否一样多?)

○点数物体和唱数。

● 理解时间和空间的关键经验

○空间

○拆装物体。

○重新安排一组或一个物体在空间的位置(折叠、弯曲、铺开、堆积、结扎),并观察由此产生的空间位置的变化。

○从不同的空间角度观察事物和场景。

○体验和描述物体的相对空间位置(在中间、在旁边、上去、下来、在顶上、在上面、在……以上)。

○体验和描述物体和人的运动方向(去、来自、进去、出来、朝向、远离)。

○体验和描述事物之间和地点之间的相对距离(靠近、邻近、远、紧靠、相隔、在一起）。

○体验和表征自己的身体：有什么样的结构，身体各部分的功能是什么。

○学习确定教室、幼儿园以及周围环境中各种物体的位置。

○理解绘画和图片中表征的空间关系。

○识别和描述各种形状。

◎时间

○制订计划和完成计划。

○描述和表征过去的事件。

○用语言推测将要发生的事件，并为此做好适当的准备。

○按信号开始或停止一个动作。

○识别、描述和表征事件的顺序。

○体验和描述不同的运动速度。

○在讲述过去和将来的事件时，学习使用惯用的时间单位（早晨、昨天、小时，等等）。

○比较时间的间隔（短、长、新、旧、年轻、年老、一会儿、长时间）。

○把钟表和日历当作时间消逝的标记，注意观察。

○观察季节的变化。

3. 把握好奖惩的度

（1）过度批评的表现

教育活动过程中的过度批评主要表现为以下几种情况。

① 反复批评。有的教师在批评孩子后，过了一会儿，似乎觉得意犹未尽，再批评孩子一次；这样一而再、再而三地重复同样的批评，会使批评的累加效应增大，孩子的厌烦心理就会呈几何级数增长。孩子从内疚不安到对老

师不耐烦乃至讨厌，被"逼急"了，甚至会出现"我偏要这样"的反抗心理和行为。因此，教育者对孩子的批评不能超过限度，应对孩子"犯一次错，只批评一次"。这样，孩子才不会觉得同样的错误被"揪住不放"。

② 批评累加。孩子做错了一件事，有些教师喜欢借题发挥，算旧账，再三数落孩子之前类似的过失和不足，这种将孩子错误累加起来批评的做法会让孩子对教师反感，如"上次你拿别人的东西吃，这次又抢别人的玩具，你到底是怎么了？""上次你打小朋友，这次你又抢玩具，你看你有什么好！"有的老师甚至还会夸张地总结出"你为什么总是……""你从来……""你将来一定……"等结论。如果细心观察，就会发现，当孩子被如此批评的时候，他总是愤怒地看着教师，一脸不服气。因此，孩子犯错误时，应只谈眼前，不要新账、旧账一起算。

（2）过度表扬的表现

教育活动过程中的过度表扬主要表现为以下几种情况。

① 表扬与孩子的发展事实不符。某班有个"差生"听惯了批评，新学期一位新老师一改过去的做法，开始对他的某些"闪光点"进行表扬。起初他很受感动，但是过了一段时间，这个孩子发现老师对自己的表扬与自己成长的事实并不相符，他认为这是老师在哄骗自己，于是，他一听到表扬就十分生气。由此可见，表扬一定要实事求是，与孩子的发展事实相符。

② 表扬方式单一。教师表扬孩子，如果总是说"你真棒""你真乖""你真是个好孩子"，那么孩子听多了就会觉得厌烦。这种表扬不仅起不到应有的作用，而且有可能会让孩子讨厌老师的表扬。另外，老师总是用小红花奖励孩子，时间长了孩子对小红花的敏感度会降低，表扬奖励的教育作用相对被削弱了。

因此，我们除了要丰富表扬的语言外，还要注意通过多种形式表扬、奖励孩子。下面列举的方式可以帮助我们打开思路。

第四章 有效的教育教学

① 坐老师的座位——体验权威感和荣誉感；

② 照顾班里饲养的小动物——培养孩子的责任感；

③ 和他喜欢的人一起午餐——享受自主选择的权利；

④ 教师给家长打电话表扬孩子——与家长分享进步和成就的快乐；

⑤ 排队时站在最前面——享受因个人努力而获得的荣耀；

⑥ 减少作业量——享受因个人努力而获得的特殊权利；

⑦ 挑选午餐音乐，允许学生从家里带来磁带或 CD——享受自主选择的快乐；

⑧ 把班里的录音机带回家一晚——享受因个人努力而获得的特权；

⑨ 使用彩色粉笔——享受因个人努力而获得的与众不同的荣耀；

⑩ 邀请校外嘉宾来班里做客——享受因个人努力而获得的荣耀；

⑪ 随时可以喝水——享受因个人努力而获得的自主选择和更多自由的快乐；

⑫ 可以随时用卷笔刀——享受因个人努力而获得的自主选择和更多自由的快乐；

⑬ 把班里饲养的小动物带回家一晚——享受因个人努力而获得的特权；

⑭ 为小班的同学服务——培养孩子的责任感；

⑮ 给图书管理员做助手——培养孩子的责任感；

⑯ 邀请其他班的一个朋友来班里共进午餐——享受因个人努力而获得的自主选择的权利；

⑰ 给老师选择一本书，让老师读给大家听——体验权威感和自主选择；

⑱ 按自己的意愿换座位——享受因个人努力而获得的自主选择的权利；

⑲ 把动物玩具放到桌子上——享受因个人努力而获得的更多权利；

⑳ 跟老师共进午餐——体验权威感和荣耀感；

㉑ 获准用班里的录音机录一个故事——体验权威感和荣耀感；

㉒ 在游戏中做主持人——体验权威感；

㉓ 获得更多休息时间——享受因个人努力而获得的特殊权利；

㉔ 读书给小班的同学听——体验权威感和责任感；

㉕ 休息时第一个挑选活动器材——享受自主选择和更多自由的快乐；

㉖ 为班里选择课堂上观看的电影——体验权威感。

或许我们不能完全借用上述这些"奖品"，但仍会有很大的启发。上述表扬奖励并不限于奖状或者口头表扬，更多的是以责任感、荣耀感、集体荣誉、成就感、自主选择、获得更多的自由等来帮助孩子建立内在的驱动力，很值得学习和借鉴。我们的幼儿园教师一般都是采用小红花、五角星、盖印章等方式表扬奖励孩子。这样的奖励固然有些用处，但是显然缺乏引导性。频繁的物质奖励也不利于孩子建立内在驱动力。

③表扬过于频繁。表扬时，要善于发现孩子的"闪光点"，捕捉孩子一点一滴的进步。但表扬不能太频繁、太"廉价"，不要大事小事都表扬，让孩子整天生活在赞美声中。否则，时间长了，孩子就会感到"腻"，表扬就起不到应有的作用。

为了避免频繁表扬可能带来的超限效应，我们主张：以不定期表扬奖励代替定期表扬奖励。心理学家研究表明：采用不定期奖励的方式，在奖励完全停止以后，正确行为持续的时间比定期奖励下正确行为持续的时间要长；同时，不定期奖励能使孩子保持对奖励的期盼——因为不能准确知道何时得到奖励，偶然的获奖使他们体验到出乎意料的惊喜，这使他们不容易对奖励产生超限效应。

4. 对孩子提要求要有度

在保教活动中，教师向孩子提出一定的要求，是完全正当的教育行为，但是各种教育要求要提得适当，要符合孩子的身心特点和实际情况，否则，容易引起孩子的抵触情绪。比如，孩子是好动的，可是有些老师要求孩子在各种教育活动中"小手背身后，小脚并拢，眼睛看老师，小嘴巴闭紧……"这显然违背孩子的天性，剥夺了孩子正常的交往、活动、玩的自由和权利，这些规定越严格，孩子就会越反感。

5. 不要用同样的方法多次催促

教师可以试着用多种方法来催促孩子。比如，中午起床，可以先放起床音乐，让孩子清醒一会儿，如果孩子还没起，教师再到床边叫他起床。如果教师一遍一遍地催促孩子起床，孩子反而会认为"这次不起，反正老师还会叫我"，结果只会不断赖床。

为了避免催促给孩子造成抵触心理，教师还可以采取预警机制。预警机制根据孩子当前活动的兴趣程度来定，比如，一般兴趣活动可采取"3—1"预警制，即结束前3分钟提示一次本次活动即将结束；结束前1分钟提示一次本次活动即将结束，然后时间到即结束。如果当前活动孩子很感兴趣，那么可以采取"5—3—1"预警制。

（二）要注重孩子的心理素质的训练

孩子心理素质不高也是形成超限效应的主要原因之一。因此，教师除了要把握好工作的"度"，尽量减少或避免产生"超限效应"的客观因素之外，还要注意强化孩子心理素质的训练，努力提高孩子的心理调节能力。孩子的心理素质和调节能力提高了，超限效应自然就会降低，即使遇到"过度"的客观刺激，通常也会保持正常的心态。

幼儿教育中的心理效应

十六、要求适中——篮球架效应

如果篮球架有两层楼那样高,那么对着两层楼高的篮球架,几乎没有人会把球投进篮圈;如果篮球架跟一个人差不多高,一个人不费多少力气便能"百发百中",这时人们也会觉得没有什么意思。正是由于现在这个"跳一跳,够得着"的高度,才使得篮球成为世界性的体育项目。

心理学把生活中人们以高度的热情去追求"跳一跳,够得着"的目标现象,称为篮球架效应。篮球架效应启示我们:一个"跳一跳,够得着"的目标最有吸引力。对于这样的目标,人们往往会以高度的热情去追求。

根据篮球架效应揭示的原理,我们在幼儿园保教工作中应该注意以下两点。

(一)让每个孩子都获得成功

幼儿期的孩子天生喜欢成功,只要体验到一次成功的喜悦,就会激发其追求更多成功的欲望。有位心理学家曾做过这样一个实验:让一群孩子一起上课,然后给他们布置作业;第二天一部分人全做对了,老师进行了表扬。后来的观察结果是,第一天做作业正确的孩子对学习有极大的兴趣,而做错的孩子则对学习失去了兴趣,甚至开始厌学。这个实验说明孩子能从学习的成功体验中感受到学习的快乐,假如经常遭受失败、体验失败的痛苦,那么,他们就会逐渐逃避学习,对学习产生厌恶的情绪。

因此,各项学习活动要因人制宜,循序渐进,让每个孩子都能"学会"。这样,孩子才会有成就感,而不是挫败感。

案例 4-44　训练海豚有术

海豚经过训练，可以成为出色的马戏演员。训练海豚主要靠物质刺激，只要完成一个动作，就奖励它一条鱼，让它形成条件反射。训练讲究循序渐进，由易到难。比如钻火圈这个节目，先让海豚学会钻圈，逐渐学会钻冒烟的圈，最后才换着火的圈。一开始就钻火圈，它当然不会配合。

训练海豚跳高也是采取同样的办法。驯兽师先在水面上拉一根细绳，海豚每次从细绳上方通过都会被奖励一条鱼，以此形成条件反射。驯兽师不断抬高细绳，尝到甜头的海豚每次都试图从细绳上方通过。细绳一点点地抬高，海豚最终也变成了"跳高高手"。

我们要为每个孩子制订切实可行的阶段目标，让每个孩子都能一小步一小步、扎扎实实地向前迈进。每天都取得一定的成就，日积月累，便会产生质的变化。此外，我们对孩子提出的要求要与他们的能力相匹配。比如，在组织户外体育游戏的时候，老师发现一些幼儿在走平衡木时有困难，于是，老师在下一次活动中就准备了三种不同高度、宽度的平衡木，让幼儿在活动中自由选择。这样，他们都有表现自己的机会，都能尝到成功的喜悦。

（二）活动任务的难度要适中

活动任务太容易，即使孩子完成了，他们也不会产生成就感，同时，其活动兴趣也会降低，比如对"傻瓜式"的电子玩具，孩子的热情最多能保持一个星期左右，因为这些玩具不具有挑战性，玩两三天后，孩子就能非常熟练地操作了；而积木、积塑是不定型玩具，它有无穷的变化方式，孩子们随时都可以用积木、积塑来搭建一些对自己具有挑战性的结构，所以对孩子一直都有吸引力。

活动任务太难,孩子怎么努力都无法完成,这不仅不会给孩子带来成就感,还会给孩子带来挫败感——打击孩子的积极性和自信心。经常让孩子做其力所不及的事情,往往会导致他们悲观失望,甚至形成习得性无助。

人都有不断挑战自我的需要,孩子经过适当的努力,完成了对其而言具有挑战性的任务,就会有很强的成就感和自豪感。教师可根据每个孩子的活动水平,设计和安排不同难度的学习任务,提供不同的指导和帮助。比如,在活动中让孩子动手操作时,对于能力差的孩子,教师可以帮助孩子拼摆一部分,引导他继续;对于能力一般的孩子,只需在他遇到困难时提示一下就可以了;对于能力强的孩子,可以适当提高难度。这样就可以满足不同幼儿挑战自我的需要,让不同幼儿都能完成具有一定挑战性的任务,进而满足他们获得成功的需要。

总之,既要让孩子有机会体验到成功的喜悦,不致望着高不可攀的"果子"失望;又要让孩子在实现目标的过程中,激发自身潜力,体验到过程的艰辛。

主要参考文献

[1] 布朗森. 表扬的危险[J]. 教师博览, 2013(11): 10—11.

[2] 蔡伟忠. 跳出传统思维的幼儿园教师实用手册[M]. 北京: 农村读物出版社, 2010: 9.

[3] 陈帼眉, 姜勇. 幼儿教育心理学[M]. 北京: 北京师范大学出版社, 2007: 37.

[4] 樊彩云. 听听乌龟的意见[J]. 班主任, 2006(11): 40.

[5] 冯伟群. 幼儿教师临场应变技巧60例[M]. 北京: 中国轻工业出版社, 2013: 8—9.

[6] 高德胜. 奖励的本质与滥用的后果[J]. 教育科学研究, 2009(6): 18—22.

[7] 霍曼, 班纳特. 活动中的幼儿[M]. 郝和平, 周欣, 译. 北京: 人民教育出版社, 1995: 11—13.

[8] 科特曼. 幼儿教师88个成功的教育细节[M]. 李旭晴, 译. 上海: 华东师范大学出版社, 2010: 45—46.

[9] 林乐波, 毕义星. 教育心理效应解密[M]. 济南: 山东教育出版社, 2008: 5, 28, 238—241, 188—189.

[10] 刘儒德. 教育中的心理效应[M]. 上海: 华东师范大学出版社, 2006: 50, 101.

[11] 卢梭. 爱弥儿[M]. 李平沤, 译. 北京: 商务印书馆, 1996: 91.

[12] 骆之恬. 用爱理解儿童[J]. 老年人, 1999(6): 36—37.

[13] 倪海. "习得性无助"学生及教育对策［J］. 江西教育学院学报：社会科学，2002（5）：29—32.

[14] 秦旭芳，赵静. 心理学效应在幼儿行为塑造中的运用——"阿伦森效应"巧用［J］. 教育导刊：幼儿教育，2012（2）：31—34.

[15] 孙桂华，洪善理. 教育教学中的"巴奴姆效应"［J］. 基础教育研究，2009（6）：55—56.

[16] 孙雁飞，秦旭芳. 巧用"禁果"教育法［J］. 家庭教育：幼儿家长，2009（9）：24—25.

[17] 汤金洪. 教育教学中的心理超限效应及克服［J］. 现代中小学教育，2002（6）：31—32.

[18] 陶金玲. 如何帮助幼儿形成"高自我价值感"［J］. 教育导刊：幼儿教育，2005（6）：23—25.

[19] 汪冠楠. 积极的心理暗示在幼儿教育中的运用［J］. 长春教育学院学报，2015（6）：158—159.

[20] 王锦飞. 瞧，我真棒［M］//高美娇. 幼儿园课程实践研究. 北京：新时代出版社，2004：28.

[21] 王荣珍. 暗示理论与怕生幼儿的家庭教育［J］. 教育导刊：幼儿教育，2010（2）：82—84.

[22] 王优玲. 一朵栀子花［M］//高美娇. 幼儿园课程实践研究. 北京：新时代出版社，2004：56.

[23] 奚延华. 教育学生须防止"超限效应"［J］. 天津教育，2002（9）：29—30.

[24] 晓达. 西方教育：玩也是一种学习［J］. 21世纪，2002（6）：30.

[25] 徐虹. 论教育管理中的进门槛效应与反进门槛效应［J］. 杭州医学高等专科学校学报，2004（5）：205—207.

[26]晏红.幼儿园家庭教育指导形式与方法[M].北京:中国轻工业出版社,2013:180.

[27]杨安博.妈妈给孩子的最好礼物——"安全的依恋关系"[J].大众心理学,2015(7):2—4.

[28]杨翠美.在幼儿教育中如何运用有益的暗示[J].教育导刊:幼儿教育,2006(5):33—35.

[29]殷旭贞."破窗理论"与"护花原理"给幼儿教育的启示[J].山东教育:幼教刊,2006(33):59.

[30]喻问琼.教育教学中的"马太效应"[J].黑河学刊,2013(12):89—90,101.

[31]张登兵.论"马太效应"在教育中的双刃作用[J].安徽工业大学学报:社会科学版,2005(6):126—127.

[32]张丰,徐清清.浅谈心理暗示在幼儿家庭教育中的积极应用[J].消费导刊:教育时空,2008(19):184—185.

[33]张服琴,赵叶.浅谈幼儿自我控制能力的培养[J].传奇·传记:文学选刊,2012(3):129,131.

[34]张菊萍.小班幼儿午餐管理中折射出的破窗理论[J].幼教园地,2006(9):50.

[35]张燕.幼儿教师专业发展[M].北京:北京师范大学出版社,2006:218.

[36]周彬.对师幼互动行为的思考[J].武汉市教育科学研究院学报,2006(9):32—34.

万千教育 学前教育类书目

书号	书名	著、译者	定价(元)
幼儿园教师专业成长指导			
2547	认识婴幼儿的游戏图式	张晖 等译	48.00
2113	做会沟通的幼儿教师	胡剑红 等主编	38.00
2236	幼儿园文案撰写规范与技巧	刘敏 等著	52.00
2311	幼儿园探究性环境创设（四色）	康丹 等译	48.00
2056	小脑袋，大问题（四色）	孟晨译	48.00
2309	破解幼儿园教师的90个工作难题	杜长娥 徐钧 主编	52.00
2112	幼儿园优质教研活动设计方案	朱清 等著	38.00
1781	给青年幼儿教师的建议	吴邵萍 著	40.00
8470	答新手幼儿教师120问	刘洪霞 主编	28.00
1798	幼儿园新手教师指导手册	王芳 等著	48.00
1783	从新手到骨干——幼儿教师专业成长故事	尹坚勤 编著	42.00
1780	幼儿教师追求幸福的方法	余胜兰 著	42.00
9111	做个幸福快乐的幼儿教师——为你的专业成长支招	莫源秋 著	28.00

9047	幼儿教师临场应变技巧60例	冯伟群 著	25.00
8930	幼儿教师易犯的150个错误	伍香平 编著	32.00
0070	幼儿教师必知的礼仪规范	向多佳 编著	38.00
9611	幼儿园教师必知的60条教育政策与法规	洪秀敏 编著	34.00
幼儿园教师专业成长指导系列合计			681.00

幼儿园教师教学技能与活动指导

2727	从头到脚玩绘本（全彩）	董旭花 张海豫 主编	78.00
2253	理解儿童心理从绘画开始（全彩）	陈侃 著	38.00
0760	幼儿园备课·说课·听课·评课	俞春晓 等 著	42.00
9499	幼儿教师必须修炼的10项教学技能	俞春晓 著	25.00
9454	幼儿园教学诊断技巧与对策58例	王春燕 等 著	38.00
9612	幼儿园综合主题活动——设计技巧与优秀案例	赵旭莹 等 主编	42.00
1235	幼儿园绘本美术活动创意设计（全彩）	郭莉萍 赵福云 主编	68.00
9323	幼儿园美术活动创意设计（全彩）	罗梅 赵福云 主编	56.00
0180	给幼儿教师和家长的81条美术教育建议（全彩）	李力加 著	62.00
9150	幼儿园节日活动精彩设计方案	刘洪霞 主编	35.00
9590	幼儿园语言活动创新设计	郭咏梅 著	32.00
0157	幼儿园优秀语言活动设计70例	郭咏梅 主编	26.00
0453	幼儿园优秀体育活动设计99例	朱清 侯金萍 主编	45.00

9892	幼儿园优秀美术活动设计99例（全彩）	陈学群 余 晖 主编	58.00
9591	幼儿园优秀健康活动设计80例	范惠静 主编	38.00
9439	幼儿园优秀社会活动设计65例	伍香平 主编	25.00
9385	幼儿园优秀科学活动设计88例	董旭花 主编	35.00
9951	幼儿园科学探究故事20例	王明珠 主编	40.00
幼儿园教师教学技能与活动指导合计			**783.00**
	幼儿园区域活动指导		
1935	幼儿园户外环境创设与活动指导（全彩）	董旭花 等 著	72.00
2103	幼儿园社会区材料设计与评价（四色）	王微丽 霍力岩 主编	60.00
1950	幼儿园科学区材料设计与评价（全彩）	王微丽 霍力岩 主编	60.00
1951	幼儿园生活区材料设计与评价（全彩）	王微丽 霍力岩 主编	60.00
1782	幼儿园数学区材料设计与评价（全彩）	王微丽 霍力岩 主编	60.00
1800	幼儿园语言区材料设计与评价（全彩）	王微丽 霍力岩 主编	60.00
2598	幼儿园艺术区材料设计与评价（全彩）	王微丽 霍力岩 主编	60.00
9613	幼儿园区域活动 ——环境创设与活动设计方法（全彩）	王微丽 主编	60.00
9149	小区域，大学问 ——幼儿园区域环境创设与活动指导	董旭花 等 著	30.00
9548	幼儿园创造性游戏区域活动指导 （角色区·建构区·表演区）	董旭花 等 编著	32.00
9549	幼儿园自主性学习区域活动指导 （生活操作区·美工区·益智区·科学区）	董旭花 等 编著	35.00
0156	幼儿园区域活动现场指导艺术 ——透视38个区域故事	董旭花 等 著	38.00

9134	如何有效实施幼儿园主题性区域活动	秦元东 等 著	24.00
7937	幼儿园科学区（室） ——科学探索活动指导117例	董旭花 主编	28.00
幼儿园区域活动指导合计			679.00

幼儿园园所管理			
2102	破解幼儿园园长的50个管理难题	苏晓芬 等 著	48.00
1784	幼儿园危机管理策略与实例	周丛笑 等 编著	52.00
1596	幼儿园安全管理策略	张春炬 李芳 主编	42.00
0039	园本培训促进幼儿教师专业发展	晏红 著	32.00
9883	幼儿园教研活动设计与实施	莫源秋 著	32.00
9620	幼儿园保育员工作指南	伍香平 等 主编	20.00
9438	幼儿园园长的领导艺术	任民 李迎春 著	32.00
9006	幼儿园园长临场应变技巧50例	卢俊 著	20.00
9012	幼儿园园长易犯的80个错误	伍香平 主编	25.00
幼儿园园所管理合计			303.00

幼儿行为观察与应对指导			
2308	0—8岁儿童纪律教育 ——给教师和家长的心理学建议（第七版）	蔡菡 译	72.00
9138	幼儿行为的观察与记录（第五版）	马燕 等 译	32.00

……
欲了解更多图书信息，请登录：www.wqedu.com
联系地址：北京市西城区三里河路6号院2号楼213室 万千教育
咨询电话：010-65181109，65262933

*本目录定价如有错误或变动，以实际出书为准。